家庭农场培育的新制度
经济学研究

陈军民　著

中国农业出版社

农区农民教育研究
以江苏省为例

唐智彬 著

中国农业出版社

鸣　　谢

　　本书的出版得到了河南省教育厅人文社会科学规划项目
"交易费用、契约选择与家庭农场的培育研究"（项目编号：
2017－ZZJH－167）和河南科技学院高层次人才资助计划项目
"家庭农场培育的契约关系缔结、影响与维护研究"（项目编号：
202010617005）的经费支持，得到了河南省科技厅软科学计划
项目"产权结构、契约规制与家庭农场的运行绩效研究——基
于河南省的调查"（项目编号：182400410213）的立项支持。

前　言

　　随着农村劳动力的大量转移，农业被"边缘化"的倾向越来越严重，"谁来种田，怎么种田"成为急需解决的课题。为此，2008年党的十七届三中全会首次提出了"有条件的地方可以发展专业大户、家庭农场、农民专业合作社等规模经营主体"，2013年中央1号文件正式提出发展家庭农场，2014年、2015年、2016年和2017年的中央1号文件又对家庭农场的培育和发展进行了重点指导，逐渐将其确立为我国未来的主流农业经营主体，期待该主体能通过土地流转达到适度规模经营，实现农业增效、农民增收和国家粮食安全的目标。

　　目前，围绕家庭农场的财政政策、金融保险政策、社会保障制度、人才及基础设施等政策体系逐渐形成，家庭农场创新发展的新局面初见成效。根据农业部2013年年初的统计调查，符合条件的家庭农场有87.7万个，经营耕地面积达到0.117亿公顷，平均经营规模达到13.35公顷；至2015年年底，在县级以上农业部门纳入名录管理的家庭农场超过34万户；在工商部门登记注册的家庭农场达到42.5万户。实践表明，创新发展中的家庭农场，在推动农业经营机制创新、现代农业建设中发挥着越来越重要的作用。

　　但由于我国的家庭农场刚刚起步，发展中仍面临着土地、资金、人才、基础设施、生产性服务等诸多要素瓶颈和服务约束。如何结合中国农村实际，降低家庭农场生成的要素集中成本，提高家庭农场的运行效率和效益，需我们不断进行制度创新与实践检验。我国众多学者已对家庭农场的特征、发展路径等进行了多方面的阐述和探索，总体上持乐观的态度，相关的分析建议也成为家庭农场发展实践中的理论指导。

新制度经济学是用主流经济学的理论和方法对制度、交易成本和经济绩效之间的关系进行研究的科学（刘远凤，2014），其核心思想是，制度对于经济的运行绩效是至关重要的。本书旨在为我国家庭农场的培育提供一个新制度经济学视角的分析。研究以家庭农场的"制度生成—制度选择—制度评价—制度分析—制度完善"为逻辑分析框架，以交易成本的立论原理贯穿全书，综合运用新制度经济学的契约理论、制度变迁理论、制度结构理论和产权理论，结合我国家庭农场发展的实际情况，从理论和实践上研究构建影响家庭农场生成及运行效率的实证模型为基本思路，试图回答中国式家庭农场如何生成、约束因素有哪些、运行效率如何、能否满足预期的目标？最终阐明促进家庭农场发展质量提高的内在机理和运行规律。

首先，从交易成本视角分析了我国家庭农场生成的内外动因及约束因素；其次，构建了影响农户农地规模经营选择的实证模型，深入分析了资产专用性、交易频率及不确定性因素对家庭农场生成的影响；再次，运用契约理论、产权理论和交易成本理论分析了家庭农场生成契约缔结选择的原理及影响因素，并构建影响农场经营者选择具体契约形式的实证模型；然后，运用 DEA 分析法测度了不同类家庭农场的运行效率状况；最后，以 DEA 模型测度的家庭农场运行效率值为响应变量，结合 Tobit 模型和一般线性回归模型，从制度结构视角分析了影响家庭农场运行效率及效益的因素。

通过研究，得出以下主要结论：①农户及其他契约关系人对经济利益的内在追求是家庭农场生成的主因，而主流思想观念的变革与政府的政策导向、要素禀赋条件及制度环境的变化是家庭农场生成的外在因素。②农户个体间的异质性和分散性增加了农地流转契约缔结的谈判成本；农地确权增强了农户对农地的财产权，但也提高了农地的租金；"产权分割"复杂化了农地产权的契约关系，提高了农地流转的交易成本；农民适应新制度的路径依赖效应，提高了家庭农场实施的摩擦成本、学习成本和机会成本；而农民非农就业及社会保障等相关制度的不完善，导致农地所承载的期望收益太多，致使农地的租金上涨。③社会资产专用性和场地资产专用性对农户的规模经营选择影响最突出；人力资产专用性验证了从事家庭农场等是有门槛的，并非任何农民都能胜任，家庭农场等新型农业经营主体更适合年轻、敢于创业的新型农民。④交易双方的关系越紧密，农地流转发生的交易成本就越低，但契约的治理形式越趋于简单化，导致无法形成稳定有效的契约；定额契约与分成合作契约都会引起无谓损失，而当有中介机构为交易双方提供有效的服务时，农场经营者更愿意选择分成合作契约；当务农的机会成本、户主务农兴趣和威信越高时，农场经营者更愿意订立正式书面契约。⑤四类家庭农场的运行效率整体比较低，综合效率值平均低于0.6，存在较严重的资源浪费和效率损失。⑥较小的土地规模亦能达到较高的效率水平，创造较高的产值。不存在具有普适性的家庭农场规模标准，几乎在每个规模区间内都有位于生产前沿面的家庭农场。相对而言，粮食类家庭农场比较具有效率优势的经营规模在5~6公顷，瓜果蔬菜类家庭农场较为有效的经营规模在2.67~3.33公顷，养殖类家庭农场较为有效的经营规模在0.13~0.32公顷，而种养结合类比较有效的规模区间是位于规模值为50~60公顷的农场。⑦地权关系不稳定对家庭农场的运行效率和经营效益都产生了显著的负面影响。建立并保持良好的农资供应关系对家庭农场运行效率和收益的提高都具有显著促进作用。农业补贴对家庭农场的运行效率产生负面影响，但却增加了经营收益；加大农业基础设施投资对家庭农场的发展具有重要促进作用；农业技术培训仅对规模养殖类农场具有较显著的积极作用；农民专业合作社对家庭农场发展的作用不明显，仅对规模养殖类农场起到了良好的作用；家庭农场内部管理水平对所有类型家庭农场运行效率的提升都具有显著作用；政府部门的监督与管理仅对规模养殖类农场起到较为显著的积极影响。

根据研究，提出以下政策建议：加快推进家庭农场的制度化；促进家庭农场与制度环境相容；通过政府安排，减少契约缔结成本；提高农户的学习能力，降低适应性成本；完善配套措施，提高政府支持的效果；促进家庭农场发展的联合与合作。

希望本书的出版能够对研究家庭农场的发展提供理论和实证依据，为把握家庭农场的发展方向、促进其健康成长出力献策。

目　　录

第一章 导　论

1.1　研究背景及意义

1.1.1　研究背景

　　中华人民共和国成立以来，我国农地制度先后经历了农地农民个人私有制、农地社员集体所有制和农者有其田的家庭联产承包责任制三次大的制度变革，在这一过程中我国农村土地的产权归属、经营形式等都发生了巨大的变化，并带来深远的社会影响。尤其是家庭联产承包责任制的确立，这一变革将农地的承包权明确转移到农户手中，农户真正成为土地的自主经营者，充分调动了农民的生产积极性，制度绩效显著提高。据测算，1978—1984 年间农业总产值以不变价格计算，增加了 42.23%，其中46.89% 来自家庭联产承包责任制所带来的生产率的提高（杨德才，2002）。但随着社会经济条件及制度环境的不断变化，家庭联产承包责任制的弊端日益显现，农地过于零散、细碎，不利于现代农业建设，制约了农业劳动生产效率和农业经济效益的提高，农民种田的积极性下降，大量人口从农村撤离、转向比较收益更高的城市部门。据国家统计局农民工监测调查报告，2015 年年底我国农民工数量为 2.774 7 亿个，其中年龄在40 岁以下的新生代农民工占到 55.2%。从实际来看，新生代农民工基本上不会务农，将来也不会以农为生，谁来种田日益成为威胁中国粮食安全的重要问题。

　　从世界范围看，随着城镇化、工业化的快速发展，若农户从事农业的比较利益、机会成本等相关约束条件没有质的变化，则农户兼业化将日益成为一种普遍的现象（李文，2013）。自 20 世纪 90 年代以来，我国的农户群体开始逐渐分化为纯农户、农业兼业农户（以农业为主）、非农业兼业农户（以非农业为主）、非农业农户及其他农户，并呈现出纯农户比重下降、兼业农户及非农户比重上升的趋势（表 1-1）。农户群体的分化与专业分工，在一定程度上破坏了农村社会传统封闭的思想观念与交往关系，产生了各种不同的意识形态，农民群体间的价值观日趋异化。这些异化使参与农地产权交易、发展规模经济改变其交易条件的群体活跃起来。农户对农业生产的目的、经营理念、生产技术等的认知逐步从传统走向现代，各个行动者在利益的博弈中实现新的合作。这些变化为农业经营制度创新奠定了基础。一些新的制度形式在农业经济体系内部开始出现，种养大户、专业合作社、家庭农场、农地托管组织等新型农业经营主体在政府引导下不断发展壮大。这些新型农业经营组织模式为小农经济向大农经济演化提供了可供选择的模式。

表 1-1   1993—2012 年中国农户兼业经营构成情况

项目	1993 年	1995 年	2000 年	2005 年	2010 年	2011 年	2012 年
调查村年末总户数（户）	401.74	410.72	410.28	481.81	596.05	612.93	592.71
纯农户（%）	49.9	47.14	47.2	40.73	40.39	40.23	40.61
农业兼业户（%）	26.85	28.35	28.68	28.74	25.23	25.32	25.92
非农业兼业户（%）	17.16	16.31	17.14	18.54	18.6	17.61	17.7
纯非农户（%）	4.86	6.36	5.37	9.6	11.54	13.42	12.06
其他（%）	1.24	1.85	1.61	2.39	4.24	3.42	3.71

数据来源：赵佳，姜长云. 兼业小农抑或家庭农场——中国农业家庭经营组织变迁的路径选. 农业经济问题，2015（3）：11-18.

家庭农场制以其固有的优越性成为解决经济发展过程中暴露出来的农业问题，满足国民经济向更高层次发展对农业提出的新要求，实现农业规模经营和现代化的一个基本思路（胡书东，1996a）。与其他新型农业经营组织相比，家庭农场保留了传统农户的优势，延续了农户对家庭祖宗认同的血缘亲情意识，更容易成为我国农民群体的理性选择。从全球范围看，根据 105 个国家和地区的农业普查数据统计，家庭农场占全球所有农场数量的 98%，4.83 亿样本农场中有 4.75 亿为家庭农场，至少占有 53% 的农地，以及生产至少 53% 的食物（张云华，2016）。可见，家庭农场是全球最为主要的农业经营方式，在全球食物生产中扮演了关键角色。

我国的家庭农场制最早在出现在 20 世纪 80 年代，当时是为解决国营农场产权制度下生产效率低下、职工吃企业"大锅饭"问题，遵循农业生产适合于家庭经营的特点和规律，推进发展的职工家庭农场。目的是提高农业的生产效率和商品率，建立规模化、商品化和现代化的农业产权组织（潘义勇，1995）。尽管家庭农场制最初尝试是针对农垦企业的改造，但自此中国各地开始了更大范围家庭农场的实践探索。2008 年党的十七届三中全会首次正式提出了"有条件的地方可以发展专业大户、家庭农场、农民专业合作社等规模经营主体"，2013 年中央 1 号文件进一步将家庭农场确立为新型农业经营主体的重要形式，2014 年、2015 年、2016 年及 2017 年连续四年的中央 1 号文件都对家庭农场的发展进行了规范（表 1-2），明确了发展家庭农场的重大意义。

表 1-2　2008—2017 年中国关于支持家庭农场的主要政策措施

年份	政策文件	政策内容
2008	十七届三中全会	鼓励发展多种形式的适度规模经营；首次正式提出有条件的地方可以发展家庭农场等规模经营主体
2013	中央 1 号文件	将家庭农场确立为重要的农业经营形式，鼓励和支持承包土地向家庭农场等主体流转；通过奖励、增加补贴等措施，重点支持家庭农场等主体
2014	中央 1 号文件	着力构建新型农业经营体系，按照自愿原则开展家庭农场登记；为新型农业经营主体配套设施用地指标；鼓励多渠道设立融资性担保公司，为家庭农场等主体提供贷款担保服务；加大家庭农场等领办人的教育培训力度
2015	中央 1 号文件	加快构建新型农业经营体系，鼓励农户发展适度规模的家庭农场，健全对种粮大户的支持服务体系
2016	中央 1 号文件	支持新型农业经营组织和农业服务组织成为建设现代农业的骨干；坚持农户家庭经营，积极培育家庭农场等新型农业经营主体；健全财税、信贷保险、项目支持等政策，积极构建新型农业经营主体的政策体系
2017	中央 1 号文件	完善家庭农场认定办法，重点支持适度规模的家庭农场；加大对现代青年农场主、林场主培养，培育农业职业经理人；支持金融机构开展适合新型农业经营主体的订单融资和应收账款融资业务；大力培育多种形式的适度规模主体

　　当前，我国家庭农场的发展可以说是在家庭联产承包责任制基础之上的又一次制度变革和创新。演化经济学认为，任何经济制度和组织的演化

变革都要经历孕育、选择和发展的历史过程。总体上我国的家庭农场正经历由孕育到初创的阶段。截至 2012 年底，全国已有 87.7 万个家庭农场，经营耕地面积达 0.117 亿公顷，占全国承包耕地面积的 13.4%。我国的家庭农场是从农地均分制下分散经营的小农户演进而来，在这一演进过程中，广大农户对农业经营的认知、经营目标的确立、决策制定过程、生产技术的使用商品化的程度、生产要素的报酬率、农业服务水平及土地可得性 9 个方面都将发生根本性的转变（表 1-3）。现阶段，我国家庭农场的发展还极不稳定，如果应对不当，在制度环境发生变化的情况下，家庭农场主体和各个参与者将面临体系瓦解的结果，家庭农场很可能还原为一般农户（李莹，陶元磊，2015）。因此，必须结合我国各地的实际，通过摸索、学习以寻求家庭农场最合适的实现形式，促使参与其中的各个行动者必须做出适应性调整，改变传统的经营理念与方式。

表 1-3   从传统农户到家庭农场演进的阶段特征

基本特点	第一阶段（孕育）——→第二阶段（过渡）——→第三阶段（成长）	
1. 农户认知	否定的或有阻力的	肯定的或可接受的
2. 生产目标	家庭消费和生存	收入和净利润
3. 制定决策过程的特点	不合理的或传统的	合理的或选择制定
4. 生产技术	静态的或传统的	动态的或迅速改革的
5. 农产品商品化程度	自给或半自给	商品性的
6. 农业投入品商品化程度	家庭劳动和农业自产品	商品性的
7. 要素比和报酬率	高劳动与资本比率；低劳动报酬	低劳动与资本比率；高劳动报酬
8. 农业服务机构	缺乏的和不完善的	有效的和很好发展的
9. 非消耗性农业资源的可得性	可得的	不可得的

资料来源：小克里夫顿·R. 沃顿. 关于东南亚农业发展的研究. 农业经济学，1963（12）：1，162.

1.1.2   研究意义

家庭农场能够有效集成现代农业生产要素，在我国新型农业经营体系构建中占有重要地位（郭红东，2014）。从各国实践来看，以家庭经营为主要特征的家庭农场更符合农业生产的特点，是农业生产经营的有效组织形式。

（1）理论意义

本研究综合运用新制度经济学的制度变迁理论、产权理论、契约理论与交易成本理论，构建影响与评价家庭农场生成与运行效率的理论框架，并对中国式家庭农场的内涵和外延进行了比较清晰的界定和认识，进一步丰富了家庭农场发展的理论基础和研究方法体系。

（2）实践意义

第一，有利于国家制定家庭农场的长期发展规划。本研究将立足于实际对中国"人多地少"和其相应的"小而精"农业发展情况做出科学判断，从历史与实践的角度，廓清中国式家庭农场的障碍及应该选择的发展道路，打破在城市经济蓬勃发展（以及其对农民工的需求）和农村均分土地制度的会合下，形成的半工半耕过密型僵化的农业制度结构。从新制度经济学的角度出发，全面系统的对我国家庭农场的内涵及特征、制度结构体系等进行剖析，深入思考家庭农场契约性质及与其他组织主体的契约关系，为家庭农场的健康稳定发展指明方向，从而为家庭农场的发展创造良好的制度环境。

第二，有利于家庭农场生成契约的缔结与稳定性维护。通过实证分析，从交易成本维度弄清制约家庭农场生成的主要因素有哪些、哪些农户会经营家庭农场以及政府部门如何更有效的为家庭农场的发展提供支持。结合契约理论和产权理论，从产权分割、委托代理、要素投入等角度，分析家庭农场生成契约缔结选择及治理，阐明不同的契约缔结选择对农户的经营行为有何影响、农场经营者选择不同类型农地契约的条件是什么，为如何保障家庭农场生成契约的稳定性提供治理选择。

第三，有利于家庭农场运行效率的提高。通过构建指标体系对家庭农场的发展质量进行评价，全面测度家庭农场运行的纯技术效率、规模效率及综合效率，并分析造成家庭农场运行无效率的原因，通过对不类型家庭农场运行效率的对比分析，厘清不同类家庭农场发展的特征属性，以及制约各类家庭农场运行效率提高的关键点，从而为农场经营者更有效的经营家庭农场提供指导。

第四，有利于家庭农场的持续经营。通过对家庭农场运行效率与效益的系统分析，总结家庭农场发展的成功经验，为农户提升家庭农场的经济管理水平指明方向，促使农场经营者有效规避家庭农场在发展过程中可能面临的市场风险、技术风险及道德风险，从实证角度告诉农场经营者"怎么种地"，以使家庭农场的生命力可持续。

1.2 研究目标及内容

1.2.1 研究目标

本书的研究目标有四个：

第一，在已有研究成果和本研究预期理论创新的基础上，借助实践调研素材，通过构建"家庭农场生成的制度变迁机制"的理论框架，从交易成本视角分析制约家庭农场生成的因素，讨论政府组织、村集体经济组织、合作经济组织等在家庭农场生成过程中的影响与作用，探索降低家庭农场生成及运行成本的途径。

第二，通过理论与实证，深入分析家庭农场生成契约选择的主要因素，阐明契约双方订约的动机、条件及形成长期相互依赖关系的重要性，为交易双方订立何种有效的契约提供选择，并就如何优化契约缔结与履行的环境提供一系列有针对性的建议。

第三，运用定量分析法对家庭农场的运行效率进行分析，计算出样本家庭农场的效率指数。试图阐明现行的家庭农场运行效率到底如何、不同类型的家庭农场在运行效率上的差异，为农户的经营选择提供有益指导。

第四，基于制度结构及契约理论，从制度基础、微观农户、中观社区、宏观经济社会等角度深入分析家庭农场的制度结构特征，试图围绕家庭农场的发展构建全面系统的配套制度体系。在此基础上，结合家庭农场的运行效率指数，运用定量分析法阐明各个契约关系人的行为对家庭农场运行效率的影响，试图为家庭农场运行效率的改进和效益的提升提供指引。

最终目标是为如何更好地培育与促进家庭农场的发展提供一系列对策建议。

1.2.2 研究的主要内容

本书在结构安排上主要分为四个部分，共计八章，具体的章节及主要内容安排简要概述如下：

第一部分：研究基础（1～2 章）。第 1 章导论。阐述研究背景，引出研究问题，确定研究目标、研究方法及研究思路。由此，可以对全书的结构有一个清晰而全面的把握。第 2 章文献综述与理论基础。首先沿着家庭农场发展的必要性、定义、生成、经营及发展趋势这一思路，对现有有关家庭农场研究的文献进行综述，重点分析家庭农场制度经济学方面的相关研究。通过对现有繁杂的学术文献进行梳理，确定研究目标，构建分析框架。其次对研究中涉及的基本概念进行必要而清晰的界定，阐释研究中所依据的理论基础。在以往相关研究的基础上，综合运用新制度经济学的产权理论、契约理论与交易成本理论，构建影响家庭农场生成与评价家庭农场运行效率的理论框架。构建这样的分析框架对本文的研究来说至关重要，不仅为理论上探究家庭农场的生成提供逻辑思路，更重要的是将交易成本、产权界定与契约选择结合起来，以探索节省家庭农场生成与运行交易成本的途径。

第二部分：家庭农场的生成研究（3～5 章）。第 3 章家庭农场的生成动因及约束分析。从交易成本理论视角出发，分析家庭农场生成的内外动因，分别从农户、政府、民间组织及社会经济环境探讨诱发制度变迁动因的现实基础，从制度需求、制度供给两个方面阐释从小农经济到家庭农场经济达到均衡的条件。第 4 章家庭农场生成规模意愿选择的实证研究。借鉴威廉姆森对交易成本分析的三维范式即资产专用性、交易频率、不确定性，构建 Logistic 回归模型，实证分析对农户扩大农业经营规模选择的影响，通过分析厘清制约农户从事农业规模经营的障碍因素。第 5 章家庭农场生成契约的选择。运用契约理论和产权理论的分析方法，围绕农地产权流转契约的缔结与执行，深入分析家庭农场生成契约选择的原理及影响契约稳定性的因素，并通过构建实证分析模型加以验证。

第三部分：家庭农场运行效率的研究（6～7 章）。第 6 章家庭农场运行效率的测度。本部分主要运用数据包络分析（DEA）方法，以资本（设备购买及农用设施投入）、劳动力（雇工投入）、其他消费（包括化肥农药、种子、饲料、水电费及农地租赁费等）为投入要素，产出指标选取年总收入，分别建立基于投入导向的规模报酬不变的 CCB 模型和规模报酬可变的 BCC 模型，测算家庭农场的纯技术效率、规模效率及综合效率。第 7 章家庭农场运行效率的影响因素研究。首先，从制度结构视角探讨围绕家庭农场应该构建的制度结构体系；其次，从制度场域内各个契约关系人对家庭农场运行效率的可能影响，提出研究假说，并以第 6 章测度的家庭农场运行效率指数为响应变量，通过构建 Tobit 回归模型表达出来。

第四部分：研究结论与政策建议（8 章）。在上述理论与实证分析的基础上，总结研究过程中发现的问题，并立足于家庭农场发展的需求，提出促进家庭农场生成与运行效率提升的政策建议。

1.3　研究思路与方法

1.3.1　研究思路

本书在吸收国内外已有研究成果的基础上，从新制度经济学的视角出发，以家庭农场的"制度生成—制度选择—制度评价—制度分析—制度完善"为逻辑分析框架，以交易成本的立论原理贯穿全书，结合家庭农场发展的实际情况，从理论和实践上研究构建影响家庭农场生成及运行效率的实证模型为基本思路，深刻地揭示制约家庭农场发展的实质和关键因素，阐明促进家庭农场发展质量提高的内在机理和运行规律。试图解决中国式家庭农场制与农户特征、环境、时间、空间的相容性、资源配置与运行效率的合意性、契约关系与运行效率的关系，最后在理论与实证分析的基础上，提出促进家庭农场发展的政策建议。研究的技术路线见图 1-1。

1.3.2　研究方法

本研究在对家庭农场生成及运行效率的具体分析过程中，综合运用了文献研究法、问卷调查法、均衡分析法、边际分析法、因子分析法、比较分析方法、统计分析方法和相关经济计量模型等方法。

（1）文献研究和实地调查相结合

首先，通过文献研究，对我国家庭农场的相关研究进行认真梳理和总

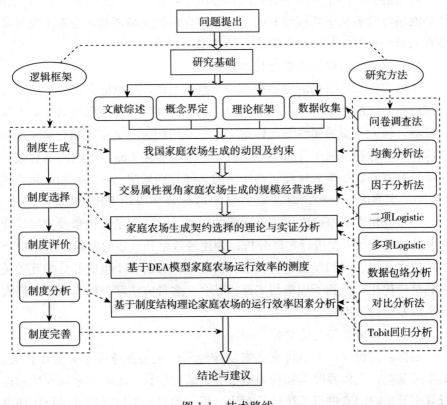

图 1-1　技术路线

结，明确当前的研究在方法和内容上的不足，确定本研究的视角和重点。在此基础上，有针对性地设计调查问卷；其次，进行实地调查。主要采用问卷调查方法获取数据资料。调查以河南省 18 个地市为调研地点，由统计学专业的在校大学生组成调研团队，并在调查前对调研员进行了系统培训；调查按照家庭农场的类型及规模的配比进行系统抽样，采用调研员一对一面谈填写问卷的方式获得。最后，调研完成后及时对数据进行整理，若发现问题或缺失，则再由调研员进行电话问询，保证了数据的真实性，从而为本研究提供了可靠的数据支撑。

（2）均衡分析和边际分析相结合

综合运用微观经济学的均衡分析法和边际分析法，探讨了从小农经济向农场经济演进的交易成本问题；通过对从事农业劳动的边际收益与劳动力市场所能获得的工资水平的比较，分析了普通农户放弃农地经营权的条件和农场经营者从事规模经营的动力；结合农地交易函数，分析了交易关系在农地经营权交易过程中对边际转让率的影响。

（3）系统和多种计量联合检验研究

本研究将家庭农场的发展视为一个整体系统，从家庭农场的生成到运行都进行系统的实证分析。对于农户是否愿意从事农业规模经营、创办家庭农场，研究从交易属性维度构建了资产专用性、不确定性和交易频率的指标体系，并通过因子分析确定主因子，然后运用 Logistic 响应函数表达出来；对家庭农场生成过程契约缔结的选择分别采用二项 Logistic 和多项 Logistic 模型进行分析；对家庭农场的运行效率采用 DEA 法进行测度；为进一步分析影响家庭农场运行效率的因素，从制度结构视角设置指标变量并构建 Tobit 模型进行实证分析；为比较效率和效益的差异，运用 OLS 法构建多元线性回归模型进行验证。研究注重分析各个组成部分的互动关系和结构优化，做到了规范与实证相结合，多种方法联合检验测度家庭农场生成及运行效率的影响因素。

（4）统计分析与对比分析

根据研究设计，本书将家庭农场按经营的主要业务类型分为粮食类、瓜果蔬菜类、规模养殖类和种养结合类，研究中针对不同类家庭农场的运行效率及影响因素进行了统计及对比分析。为对样本数据特征进行更详细的分析，在描述性统计分析的基础上，书中多处按照经营规模、效率值等指标对所检验的变量进行统计分组，然后通过分组对比总结不同组别家庭农场的差异，以揭示家庭农场发展的内在规律；为验证各个因素对运行效率和效益影响的差异，通过构建模型进行了对比分析。

1.4 数据来源

本研究数据来源主要有两个途径：一是间接数据，包括农业部发布的有关家庭农场的统计资料、农业部和社科院联合编著的《2015 年中国家庭农场发展报告》、河南省工商总局发布的《河南省新型经营主体发展报告分析》及《全国农产品成本收益资料汇编》等；二是直接数据，通过设计问卷实地调查所得。

1.4.1　调研区域概况

本书选择河南省作为家庭农场研究的调研区域。河南省是我国的农业大省和人口大省，是全国最重要的粮食生产核心区之一，粮棉油等产量均居全国前列。自 2013 年以来，河南省家庭农场呈快速发展趋势。据统计，截至 2015 年初河南省农村土地流转面积已达 3 393 万亩*，占家庭承包耕地面积的 34.8%；共有家庭农场 1.97 万家，发展数量位居全国第 11 位；经工商系统注册登记的家庭农场有 15 465 家，其中以个体工商户、个人独资企业、有限责任公司和普通合伙企业登记的家庭农场分别占 61.1%、占 38.0%、0.88% 和 0.02%；经营耕地总面积 386 万亩，平均每个家庭农场流转土地 196 亩；经营规模 200 亩以下的有 10 160 家，200～500 亩的有 2 761 家，500～1 000 亩的有 606 家，1 000 亩及以上的有 226 家（以上数据来自《2015 年中国家庭农场发展报告》）。

根据《河南省新型农业经营主体发展报告分析》，截至 2014 年 6 月在工商局进行登记注册的家庭农场有 1.2 万家。其中从投资规模与从事行业来看（表 1-4），户均投资规模达 148.69 万元，在行业分布上种植业的户均投资规模达到了 150.49 万元，其次是农业服务业和林业、畜牧业、渔业及其他行业。显示出创办家庭农场要有较高的资本门槛。

表 1-4　截至 2014 年 6 月河南省家庭农场行业分布及投资规模

行业类别	数量 （户）	比重 （%）	出资总额 （万元）	比重 （%）	户均出资额 （万元/户）
种植业	10 982	91.21	1 652 705	92.31	150.49
林业	378	3.14	54 702	3.06	144.71
畜牧业	292	2.43	35 708	1.99	122.29
渔业	64	0.53	5 723	0.32	89.42
农业服务业	262	2.18	37 923	2.12	144.74
其他	63	0.52	3 637	0.20	57.73

资料来源：2014 年 8 月河南省工商总局发布的《河南省新型农业经营主体发展报告分析》。

---

　* 亩为非法定计量单位，1 亩＝1/15 公顷。——编者注

从区域分布来看（图 1-2），驻马店、南阳、安阳三市发展最快，三市共注册登记家庭农场 6 244 户，占全省总量的 51.9%，而豫北地区除安阳市外，濮阳、济源、鹤壁、焦作、新乡等五市发展总体上有待提高。

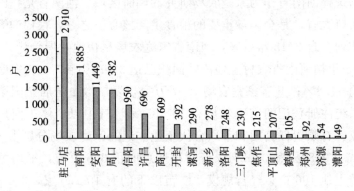

图 1-2　截至 2014 年 6 月河南省家庭农场的区域分布

1.4.2　问卷设计与数据采集

调研采用概率抽样和非概率抽样相结合的调查方法。首先，根据研究需要选择河南省作为调研区域，采用分层抽样法从河南省 18 个地级市随机抽取 1～3 个县。然后，根据抽选县域内各个乡镇家庭农场的发展状况，采用判断抽样法抽取若干乡镇作为取样点。最后，根据当地乡镇农业部门及乡村干部提供的家庭农场发展信息选定调查对象，并组织调研人员于2016 年 7—9 月深入农户面对面的访谈，填写调查问卷。根据研究需要，调查对象主要包括已注册登记的家庭农场户和未注册的家庭农场户等；接受调查的目标农户为 350 家，剔除信息失真的样本，得到有效问卷 295份，有效率为 84.29%。调查问卷设计项目包括"家庭基本情况"、"农户从事与扩大农业规模经营意愿及影响因素"、"生产要素投入情况"、"经营收益及影响因素"等四个方面共 54 个项目。样本调查地点及构成分布（表 1-5）如下：按样本调查数量来源由高到低排序，依次为新乡市 82 户、焦作市和商丘市各 32 户、信阳市和驻马店市各 23 户、洛阳市和周口市各14 户、安阳市和郑州市各 13 户，以及来自南阳市、漯河市、许昌市、开封市、济源市、平顶山市、濮阳市及三门峡市的 49 户；样本中，未注册的家庭农场有 148 户、已注册的家庭农场有 125 户及粮食种植面积低于 20 亩的小规模农户 22 个,分别占样本的 50.17%、42.37% 及 7.46%。样本具体特征根据各章研究目的和所选择的指标分别进行统计分析。

表 1-5 受访农户调查地点及样本构成分布情况

地市	乡镇（个）	较小规模户（粮食种植＜20 亩）（户）	未注册家庭农场户（户）	已注册家庭农场户（户）	户数合计（户）	样本户占比（%）
安阳	13	3	6	4	13	4.41
鹤壁	2	1	0	3	4	1.36
济源	4	0	0	4	4	1.36
焦作	31	1	14	17	32	10.85
开封	4	0	1	4	5	1.69
洛阳	14	2	9	3	14	4.75
漯河	7	0	5	3	8	2.71
南阳	10	0	0	3	10	3.39
平顶山	4	1	1	2	4	1.36
濮阳	3	0	1	2	3	1.02
三门峡	1	0	0	3	3	1.02
商丘	32	4	18	10	32	10.85
新乡	81	4	44	34	82	27.80
信阳	22	2	14	7	23	7.80
许昌	7	0	4	4	8	2.71
郑州	13	1	8	4	13	4.41
周口	14	2	4	8	14	4.75
驻马店	22	1	12	10	23	7.80
合计	284	22	148	125	295	100.00
样本构成比（%）	—	7.46	50.17	42.37	—	—

资料来源:根据河南省农户调查数据整理所得。

1.5 主要创新点和不足之处

1.5.1 主要创新点

（1）研究视角创新

本书从新制度经济学视角对家庭农场的内涵及特征进行了定义，阐释了家庭农场的企业契约性质、规模特征及公共产品特征。构建了家庭农场生成的制度变迁机制框架，并从交易成本视角解析了家庭农场生成的内外动因及约束因素。借鉴威廉姆森对交易成本的分析框架，从资产专用性、不确定性和交易频率三个交易属性视角实证分析了农户从事农业规模经营的制约因素。基于契约理论，从委托代理、交易属性及要素投入角度阐释了家庭农场生成契约选择的影响因素，然后通过构建实证模型对家庭农场生成契约缔结选择进行了分析和检验。

（2）研究内容创新

本书从制度结构场域视角探讨家庭农场运行效率的影响因素和从资产专用性、交易频率及不确定性维度构建与分析影响家庭农场生成选择的主要因素是一种新的尝试；对四类家庭农场的运行效率状况进行了分类测度，并通过分组对每类家庭农场的效率状况进行深入分析，探寻了不同类家庭农场相对具有效率优势的经营规模；对四类家庭农场的投入松弛量进行对比分析，探寻了各类农场可以重点缩减的投入要素。

（3）研究结果有新发现

与已有研究成果相比，本研究系统阐明了从传统农户向家庭农场演进的阶段特征以及家庭农场的契约性质；论证了家庭农场的生成受到制度实施成本的严格约束；证明了资产专用性、交易频率及不确定性因素对农户从事家庭农场经营具有重要影响，有力验证了本研究提出的对家庭农场生成影响的 6 个假说；发现农地产权分割、交易属性对家庭农场生成契约缔结的交易成本和契约的稳定性有重要影响，证明了缔约的制度环境、机会成本及交易成本因素对农场经营者契约选择的影响程度；结合 DEA 模型，证实了家庭农场的运行效率与规模之间的弱相关性，发现了各类农场的相对有效规模；最后通过 Tobit 模型证明地权制度、交易制度及管理制度场域内各个契约关系人对家庭农场运行效率及效益的重要影响，有力验证了三类制度因素对家庭农场运行效率影响的假说。

1.5.2 不足之处

尽管笔者做了大量的调研工作，并付出了艰辛的努力，但受研究条件和能力的限制，本研究仍存在一些不足之处。

（1）调研地域的局限性

本研究所用的数据资料主要来源于对河南省家庭农场的调查数据。因此，研究结果的普适性可能不足。

（2）数据量的局限性

受作者的专业以及水平限制，问卷设计的精确简洁性不够，经审核统计后有效问卷只有 295 份，结果使瓜果蔬菜类和规模养殖类家庭农场的样本量少于事先设定的数量，导致在做不同类家庭农场运行效率的对比分析时，这两类家庭农场的数据代表性可能受会到一定约束。因此，研究结果的检验还有待充实调查数据后做进一步分析。

（3）指标选择的局限性

由于问卷设计考虑不够全面，个别衡量指标选择的代表性不足，如对于农户场地资产专用性仅设置了村组变量，而对气候、地形等特征的衡量缺失；对家庭农场生成过程的考察仅从农户扩大农业规模经营意愿角度衡量，缺少阶段性指标等。因此，下一步的研究需要补充指标变量以更全面地反映问题。

第二章　文献综述与理论基础

　　科学的研究必须得有明确的理论指导，同时必须要有一个清晰的概念体系和严谨的实证根基。因此，本章首先对国内外有关家庭农场的研究进行文献回顾和理论分析，然后将研究中所涉及的基本概念与运用的相关理论进行阐释，在此基础上，构建起本研究的分析框架，为系统研究家庭农场的生成及运行效率提供分析思路。

2.1　文献综述

　　欧美等发达国家的家庭农场发展历史比较早，距今至少有上百年的历史。而我国的家庭农场最早出现在 20 世纪 80 年代，当时是为解决国营农场产权制度下生产效率低下问题，推进发展的职工家庭农场。但在当时家庭农场并未得到普及，直到 20 世纪末，家庭农场才开始在上海、江苏、浙江等城镇化发展较快的地区发展起来，并取得不错的经济效果。到 2008 年，党的十七届三中全会首次正式提出发展家庭农场。2013 年的中央 1 号文件把家庭农场明确为新型农业经营主体的重要形式，并通过鼓励和支持土地流入、加大奖励和培训力度等措施，扶持家庭农场的发展，赋予了家庭农场新的内涵和特征。2014 年、2015 年的中央 1 号文件又进一步把推进家庭农场的发展作为重要的议题提出来。随着国家政策导向性文件的陆续出台，学界对家庭农场的关注度自 2013 年以来呈现出前所未有的高度。本书试图围绕家庭农场的界定及发展必要性、家庭农场生成的制度及实证、运行效率及发展趋势等方面的理论与实践经验进行系统总结，以期为研究内容和研究重点厘清思路。

2.1.1　关于家庭农场的争论

（1）关于家庭农场的界定

　　从世界范围来看，对于家庭农场的定义并不统一。随着社会经济制度的变迁，家庭农场的定义呈现动态演进的特征。在广义上，一切以农户家庭为基本单位专门从事农业生产，并为社会提供农产品的经济组织都可以称为家庭农场（卜凯，1936）；同样，根据马克思的解释，自耕农、封建制度下的佃农和早期公有制下的小块分种土地，都属家庭农场（小型家庭农场）的范畴。美国的家庭农场最普遍的是部分所有制，即经营家庭农场拥有一部分土地，再租赁一部分土地（D. Gale Johnson，1993a）。美国农业部把家庭农场定义为：以家庭成员为主要劳动力，且大部分时间从事农场生产经营管理活动，以追求利润最大化为目的的农业企业组织（John Lemons，1986）。2013 年在美国农业部的统计口径中，家庭农场指经营者及其家人（血亲或姻亲）拥有农场一半以上所有权的农业经济组织，也就是说美国大部分家庭农场已经不是家庭农场，只能称作"部分产权属家庭所有的企业型农场"（黄宗智，2014a），荷兰直接将家庭农场界定为家庭经营的农业企业（肖卫东和杜志雄，2015）。Brewster（1980）依据土地产权的完备性与家庭劳动力投入农业的时间为标准，认为只有农场主及家庭成员全职从事农场经营，对土地具有完全产权，经营收入能为家庭成员提供比较舒适的生活和保证再生产的农场才属于家庭农场。该定义把兼业型小农场（农业收入无法满足成员需要）、租赁农场（经营预期不稳定）、社区农场排除在外。俄国经济学家 Chayanov（1996）认为，家庭农场最大的特点是其生产目的是为了家庭成员消费的最大化，而不是追求利润最大化。

我国农业部（2013）把家庭农场定义为，以家庭成员为主要劳动力，从事农业规模化、集约化、商品化生产经营，并以农业收入为家庭主要收入来源的新型农业经营主体。其认定标准主要包括四个：具有农村户籍、具有一定经营规模、家庭成员为主要劳动力和务农收入为主。而于传岗（2013）认为农业部规定的认定条件不够科学，他认为家庭农场的界定应从家庭收入最大化、家庭资源禀赋匹配度、城乡家庭收入均等化、农场主农学素养等方面衡量。高强等（2014）认为家庭农场是以家庭经营为基础，融合了现代生产因素和现代经营理念，实行专业化生产、社会化协作和规模化经营的新型微观经济组织，其认定标准应立足于地域农业的特点，体现出更多地方特色。高帆等（2013）指出家庭农场本质上是介于传统农户和农业企业之间的中间型经营组织，在要素组合上它与这两种农业组织形态存在着多种差别。黎东升等（2000）、高志坚（2002）、穆向丽等（2013）、屈学书（2014）、党国英（2013）等学者都强调了家庭农场的企业性质，认为家庭农场与传统小农的区别在于经营管理的企业化，有的学者（朱道华，1995；房慧玲，1999；朱启臻，2014）则直接把其界定为农户经营的一个相对独立的、自负盈亏的企业，必须到工商行政部门注册。

（2）关于家庭农场的规模界定

对于家庭农场经营规模的界定可以划分为四个派别。一是能力与资源匹配学派。家庭农场的适度规模经营是一个不断匹配与演进的过程（于传岗，2013）。朱启臻等（2014）认为，确定家庭农场的规模应根据家庭生计需要与生产能力为标准，家庭农场规模的下限是家庭成员的生计需要，家庭农场规模的上限是现有技术条件下家庭成员所能经营的最大面积。二是机会成本与收入匹配学派。关于经营规模有很重要的一条标准，就是家庭农场的农业收入要接近或达到条件类似家庭参与兼业劳动的收入，达不到这个标准，家庭农场经营就提供不了足够的激励（赵海，2013）。刘爽等（2014）认为，家庭农场的经营规模到底有多大取决于其获取的外部利润和损失的效率之间的对比。当增加的边际外部利润大于其边际效率损失时，家庭农场经营规模边界会不断扩张；当边际外部利润与边际效率损失相等时，家庭农场的适度规模边界也就得到了界定。苏昕等（2014）认为，现代家庭农场的规模应以它的经济收入不低于或者高于从事其他产业或其他岗位的经济收入为先决条件。他在综合考虑劳均种植面积、人口的变动、耕地资源的变动和城镇化率等因素的基础上，测算未来我国家庭农场平均经营规模为 26.7 公顷。杨成林（2016）从"务农职业化"的机会成本角度提出家庭农场应有"最小必要规模"的要求，且随着机会成本的变化，家庭农场的"最小必要规模"也必然发生变化。三是社会经济环境派。陆文荣等（2014）结合松江家庭农场调查经验，指出村庄强大的集体制传统、基于村落成员权的土地福利分配、形式平等与事实平等兼顾的村庄大公平观与政府、市场共同建构了家庭农场适度规模。李永安等（2014）根据经济主体社交网络相关理论和实践的分析，认为家庭农场的规模不是人为主观设计就能够设定的，而是取决于家庭农场交往过程中，农场主的社交网络广度、深度和质量的大小。四是技术实践派。从实践层面，因各地人口和耕地状况各不相同，对家庭农场认定标准、规模大小差异比较大。罗艳、王青（2012）测算的安徽金安区的较合理家庭农场规模为人均耕地34.5亩、户均达到126亩的面积。黄新建等（2013）根据江西水稻种植情况，测算的家庭农场土地适度规模为70～150亩，武汉市规定的家庭农场经营面积要达到100～300亩。倪国华和蔡昉（2015）利用国家统计局农村住户调查面板数据，分别以农户家庭劳动和土地禀赋的最大化利用为目标，通过实证分析，发现家庭农场的经营规模在低于131～135亩、单纯以粮食生产的家庭农场规模低于234～236亩之前，农地经营规模的扩大将会提高农户家庭资源的利用率，进而增加农业的劳均收入。孔令成（2016）测得上海松江区粮食家庭农场土地适度规模为121～126亩。农业部公布的中国家庭农场调查数据表明，平均经营规模在200亩左右。从各地发展实践来看，规模标准也不统一，如2013年成都市按经营类别不同界定的家庭农场为：粮油类集中连片达50亩以上，水果类集中连片30亩以上，花卉苗木类集中连片规模露天生产达50亩以上、设施栽培类30亩以上等；江苏省把经营规模超过30亩的定义为家庭农场；黑龙江海伦市规定家庭农场适宜的经营规模为300亩以上，且经营年限不低于5年。

从世界范围来看，各国是不一样的。美国和俄罗斯是典型的大农场，一般在3 000亩以上，但John Lemons（1986）通过对美国家庭农场的结构分析发现，中等规模的家庭农场（收入在10万美元左右，生产性资产在100万美元左右）是最优的规模，其功能实现了个人福利、社会福利与环境保护的高度一致性；欧洲各国是以中小型农场为主，一般经营面积在20公顷左右，如德国61.94%的家庭农场经营规模在2～30公顷，而法国的测算表明，家庭农场达到6～15公顷是比较经济的。

（3）关于我国发展家庭农场的必要性

对于是否有必要大力推进家庭农场、推进哪种类型家庭农场的发展，学界有不同的看法。在农民快速进城、农业劳动力不断减少的情况下，主流经济学者认为"谁来种地"的问题已经开始凸显。家庭农场是能够从根本上解决农业出路问题的一种产权组织，这种产权组织形式对于发展中国家和地区如何从传统自给农业向现代化商品农业转化，具有借鉴和指导作用（潘义勇，1995）。黄宗智等（2007）在分析了当下中国农业及社会经济形势后，指出以市场化的兼种植—养殖小规模家庭农场为主的经营形式是解决农业当前隐性失业与务农收入过低问题的主要出路；向国成等（2007）运用间接定价理论模型对中国农业组织化的演进路线进行了分析，指出与专业合作社相比，家庭农场是一种最少产生内生交易费用的团队组织，故在农民团队化发展上，应重点推进家庭农场的发展；杨成林（2015）则从功能视角，指出"中国式家庭农场"是未来组织我国农业生产的主导性生产方式，它不仅使体制性小农经济的"制度溢出职能"保持下去，而且也实现了农业生产的适度规模经营，并使农民从"半工半耕"的社会分工中解脱出来，成为"职业农民"。

　　针对主流学者提出的大力推进家庭农场等规模化农业生产路径，亲小农学者则持不同的观点。他们认为，在城市无法给大量脱离农业的人口提供充分就业时，在政府政策导向下大力推进土地规模经营，会导致社会的不稳定，而且规模化农业也不一定能够确保粮食安全，反倒是中国精耕细作的小农农业能够获得比世界平均水平更高的粮食产出，确保粮食安全（贺雪峰，2017；孙新华，2013）。至于"谁来种地"的问题，他们并不将之视为一个问题，认为那些年老的农民工以及进城失败的农民工将自然而然回归土地。现在小农经济发展的核心问题倒是在于农业生产基本条件的维持和村庄内部农业经营的适度规模化问题（贺雪峰，印子，2015），推动家庭农场的发展实质应是重点推动村庄内部"中农"或者"大农"的发育和成长。他们反对"外来的""人为推动的"资本下乡，但并不反对"内生的""自发出现"的资本积累（高原，2012）。他们和主流经济学者一样，在一定程度上忽略中国农民内部分化的结果，农民被压缩成为城乡二元结构下、相对于城市居民的一个同质性群体，甚至出现将"大户"和"小户"一同划分为"小农"（陈航英，2015）。

2.1.2　关于家庭农场生成的制度研究

（1）家庭农场的生成机制

　　目前对家庭农场生成机制的研究主要有以下几个代表性观点：家庭农场的生成机制取决于制度的供给与需求的协调（高强等，2013）；规模经营、技术进步、专业分工等构成家庭农场制度变迁的内在动因，农户追求外部利润是家庭农场制度变迁的外在动因，国家强制性制度变迁与农民诱致性制度变迁相结合，共同推进与实现家庭农场制度的产生（伍开群，2014b）；李俏等（2014）认为，认识小农是改造小农的前提，只有满足了农户在社会化进程中的利益诉求才能促进家庭农场等新型农业经营主体的产生与发展；董凌芳（2013）从吉登斯的社会结构理论出发，认为家庭农场制度并不是一种静态的结构，而是一种结构化的过程，即在各行动者与结构的不断互动中结构得以再生产，在反复的互动与结构再生产中，结构逐渐具备了稳定的特征，形成了家庭农场制度，该制度只是一种暂时的稳定状态，将在新的实践中与行动者继续互动，不断调整与变迁，以适应实际发展的需求。

（2）家庭农场的制度优势及适应性

家庭农场是一种经营形式，这种经营形式不仅可以容纳不同生产力水平的农业，而且可以适应不同社会制度，以及不同的经济成分（朱道华，1987）。家庭农场兼具小农经济和集体农场的优点，同时又在很大程度上克服了两者的缺陷（胡书东，1996b）。Chris Fry（1980）认为家庭农场与公司不一样，在不利的年份，家庭农场没有要求分红的压力，家庭农场的劳动力需求可灵活调整，可以忍受较低的年投资回报率。Ashok K. Mishra 等（2010）发现家庭农场作为一种拥有大量生产性资产的载体，预期寿命会远高于其经营者的寿命，所体现的价值远远大于他的经济价值。刘爽等（2014）从交易成本理论视角，认为借助于家庭农场，使原子化状态的农民结构化，将利益相关农民有效地组织起来，形成一个个小团体，这不仅能提高农民的谈判能力，而且能节约农民与乡村集体、公司、政府之间打交道的成本，降低合约履行的风险。孙中华（2013）和杜志雄等（2016）的研究认为家庭农场既发挥了家庭经营的独特优势，又克服了承包农户"小而全"的不足，将成为引领中国现代农业和先进生产力的发展方向。

（3）家庭农场的制度体系

高志强（2014）认为构架中国特色的家庭农场制度框架，应该从家庭农场的体制机制、主体特征定位、功能特征定位及支撑保障体系四个方面着手。周清明（2013）提出，构建家庭农场的经营主体地位、家庭农场的市场主体地位、家庭农场的法律主体地位等"三位一体"的家庭农场制度框架。童彬（2013）从法学角度，认为全面且系统地对家庭农场进行理论构建和制度创新是农村土地规模化经营的重要保障，家庭农场的制度构建还应包括经营范围的界定、政府管理制度、土地流转机制、社会化服务支持体系。高强等（2013）认为家庭农场的形成与壮大，需要的制度条件至少应该包括：以专业化分工为基础的劳动力市场制度；具有稳定明晰的产权且可规模化集中的土地制度；以农业机械化、金融服务、市场信息与科技信息服务为主的社会化服务制度等。

2.1.3　关于家庭农场生成的实证研究

（1）家庭农场的经营意愿研究

对于家庭农场生成的实证研究主要有以下相关文献：赫雪姣（2014）运用二元 Logistic 选择模型以农户个体及家庭特征、政策感知两类为自变量对河南省鹤壁市 286 个农户创办家庭农场的意愿进行了研究，发现仅有 30.4% 的农户听说过家庭农场，且惠农政策、贷款可得性等对农户的创办意愿影响显著；曾冠琦（2015）根据上海市松江区的农户调研数据通过构建结构模型研究了职业化特征、非农产业转移、收入效应、政策公平感知对农户参与家庭农场意愿的影响，证明收入效应和政策公平感知对于农户参与家庭农场经营具有积极的效应；蔡颖萍和周克（2015）基于浙江省德清县 300 余户的截面数据通过建立 Logit 模型发现现阶段农户对家庭农场的认知与参与意愿并不高，但受教育水平较高的农户参与意愿也较高。实际上，经营家庭农场是农户扩大农业经营规模的过程，张忠明和钱文荣（2008）基于长江中下游区域的调查数据，运用广义 Logit 模型发现区域经济发展水平越高、农业经营者的年龄越大、农业比较效益越低的情况下农民从事土地规模经营意愿越低；陈彪和王志彬（2013）运用同样的模型对新疆阿克苏地区农民的规模经营意愿进行了分析，发现区域经济条件较发达、农地流转价格的下降以及雇佣农工成本的降低等会增强农民扩大土地规模经营的意愿；凌莎（2014）利用 2011—2012 年对全国 890 个农户的抽样调查数据实证分析了人力资本特征、其他家庭特征及外部环境因素对农户扩大经营规模的影响，发现具有较多农业资源禀赋及较强行为能力的农户，更愿意扩大土地经营规模。宋文等（2015）运用结构方程模型分析了甘肃河西走廊地区农民的规模经营意愿，发现情感关联、认知关联、经济关联和行动关联四个村民关联维度对农地规模经营意愿有正向影响，即提高村民关联程度将促进农地规模经营的实现。

（2）家庭农场生成的制约因素研究

对于家庭农场能否快速健康发展，学者从不同方面做了大量的研究。一是关于家庭农场创办的前提条件研究。多数学者认为，土地能够顺利集中、高素质的专业农民、通畅的融资渠道、良好的社会服务及政府的政策支持是家庭农场能够健康发展的前提条件（楚国良，2013；黄建新等，2013；郭伊楠，2013）。在国外，Lúcio André de 等（2008）从微观农场、中观社区、宏观区域范围，从经济、社会、生态三个维度，选取自然资源、金融资本、物质资本、人力资本、社会资本等指标研究了巴西南部家庭农场的可持续性问题，发现重视环境的农场往往经济效益不足，需要政府和非政府组织予以帮扶。Déa de Lima Vidal（2013）认为妇女在家庭农场发展中承担着重要作用，但长期以来政策制定、教育培训、技术供给及其他服务更多的是针对男性特点而忽视妇女的特点，这是制约贫困地区家庭农场发展的重要因素。而 Jane L. Glover（2010）利用 Pierre Bourdieu's 资本理论，从经济资本（货币与利润）、文化资本（知识与技能）、社会资本（关系网与社会关联）、符号资本（由经济、文化、社会资本所带来的声誉与地位）等角度，深入分析了不同资本形式在家庭经营遭受不利冲击时的作用与影响，研究发现情感因素对于家庭农场经营影响很大，在不利环境冲击下，经济资本往往是导致经营困难的主要方面，而社会资本和符号资本往往是应对这些不利冲击和使家庭成员坚定信心继续从事农场经营的抉择依赖。

2.1.4　关于家庭农场运行效率的研究

（1）国外对家庭农场运行效率的研究

目前，国内外学者已从不同视角和方法对家庭农场的效率进行了测度。国外学者的研究更多关注经营规模与效率的关系，传统观点认为，大农场由于具有科技、信息、市场等方面的优势，其效率往往比小农场要高。但也有研究发现，农场的经营规模与效率没有显著的关系，而管理、资源禀赋及制度对绩效影响更重要（Seckler，1978）。舒尔茨（Teodore

W. Schultz，1964）在《改造传统农业》一书中通过对大型拖拉机的假不可分性和人的真不可分性的分析，认为农场规模的变化并不必然产生有效率的增长，当按照假不可分性组织生产时，它就导致一种低效率的资源配置，而在作为大多数现代农业生产特征的经营决策和投资决策既定的条件下，典型农民或农场管理者的不可分性并不必然要求大型农场。而 Sen（1962）、Heltberg（1998）、Cornia（1985）等通过对印度、巴基斯坦及15 个发展中国家的家庭农场研究，发现规模越大反而效率越低；Juliano J. 和 Ghatak Maitreesh（2003）、Barrett（1996，2010）等对这种现象进行了解释，他们认为农业信贷约束和农民个体之间技能水平的差异及农民务农的机会成本差异是主要原因。而 Ukawa H（2000）通过日本北海道家庭农场的运行效率测度发现，规模大小对家庭农场的运行效率有显著影响。

此外，Manevska-TasevskaG 等（2011）采用 DEA-Tobit 两阶段分析法对西非家庭农场的运行效率进行了测度评估。Faure 等（2011）则重点测度了政府提供的各种咨询服务对西非家庭农场经营绩效的影响，发现系统有针对性的咨询服务对家庭农场经营业绩的提升有明显的正向促进作用。Carlos 和 Joaquim（2002）利用全要素生产率评价的方法测度了巴西44 个小型家庭农场的生产效率，发现价格引起的资源配置低效是导致小型家庭农场低效率的主要原因。Ciaian 等（2012）利用中东欧转型国家的家庭农场数据，实证分析了信贷约束对家庭农场生产效率的影响，结果表明无论是短期还是长期内，当信贷约束改善后，农业全要素生产率有了明显提高。Richard 和 Charles（2015）采用超对数随机生产前沿函数模型考察了非农收入、生产要素投入、技术等因素对美国加利福尼亚州家庭农场运行效率的影响，发现非农就业收入有助于家庭农场规模与技术效率的提高。Alam 等（2014）利用随机前沿生产函数模型分析了孟加拉国 73个家庭农场的水稻全要素生产率，发现市场自由化政策、经营规模和家庭人口数量对 TC 和 TFP 的增长产生显著正向影响，而户主教育水平、农地租金及非农收入却对效率的提升产生负面影响。

（2）国内对家庭农场运行效率的研究

以往的文献更多是对中国农户农业生产效率的测度，运用的方法主要是确定前沿非参数法和随机前沿参数法（赵建梅等，2013）。对国内家庭农场运行效率研究中，学者也主要运用 DEA-Tobit 两阶段分析法和随机前沿 SFA 分析法进行了分析。目前，针对家庭农场的效率测度文献相对较少，较有代表性的研究包括：曹文杰（2014）、侯林春等（2014）、高雪萍等（2015）、杨鑫等（2016）利用 DEA 模型从不同的角度分析评价了所调查区域家庭农场的效率状况，其中仅有高雪萍等对江西省粮食家庭农场研究发现，家庭农场的综合效率较多的依赖于规模效率，而其他学者的研究并未证明或涉及这一论题；孔令成与郑少锋（2016）利用三阶段 DEA 研究发现上海松江的粮食家庭农场最有效的规模在 8.13～8.40 公顷；曾玉荣与许兴文（2015）基于福建省的调查数据利用 SFA 分析法发现最佳规模效率存在于小规模和超大规模这两种类型的家庭农场。

从对家庭农场运行效率影响因素来看，蔡键（2014）运用 DEA 模型测度了家庭农场的运行效率，结果表明现阶段我国的家庭农场存在投入冗余与产出不足的低效率现象。杨承霖（2013）依托 Cobb-Douglas 生产函数（简称 C-D 函数），将技术无效率与配置无效率作为误差项纳入进行实证分析，发现小型农场的平均收益要弱于中型和大型农场；价格的下降或者生产成本的上涨将大幅度冲击小农场。曹文杰（2014）运用 DEA-Tobit 两阶段分析法，从资源和经营行为视角，分析了影响山东省家庭农场经营效率的主要因素，发现从业人员素养、技术与管理手段的运用和创新及经营方式对家庭农场的效率影响显著；高雪萍和檀竹平（2015）运用同样的方法，从技术环境特征、政策支持特征、经济环境特征及户主个人及家庭特征方面分析了影响粮食家庭农场经营效率的主要因素，发现土地流转成本、家庭劳动力人数、农机数量等对效率具有显著的影响；而曾玉荣和许兴文（2015）则运用 SFA 模型将导致生产无效的因素纳入模型，包括人均耕地面积、品牌影响、家庭农场主特征及家庭农场技术因素，测度与分析了家庭农场的经营效率及制约因素，发现对新技术的采用能大幅度提高效率。孔令成和郑少锋（2016）将 DEA 和 SFA 两种方法进行有效揉合，采用三阶段 DEA 法对家庭农场的经营效率进行了测度，并从农场主年龄、文化、农田块数、非农就业率、土地流转费用等 8 个环境变量角度分析了影响因素，发现农场主文化程度及种粮补贴能够显著提高经营效率。总之，作为生产方式的家庭农场，是一个不断变化的范畴，它的形成有其动力和阻力，其自身的效率发挥也受制于农业的根本特征、农业生产方式、农业生产规模、土地制度等诸多因素（杨成林，屈书恒，2013）。

2.1.5 关于家庭农场的发展趋势研究

对于未来我国家庭农场如何发展，发展方向是什么，学者从不同的角度进行了研究。①规模呈逐渐扩大之势。从世界范围来看，家庭农场的发展都呈现出数量减少，规模不断扩大之势，如美国家庭农场数量从1935年的681万家下降到2015年的206万家，平均经营规模由62.6公顷增加到178.4公顷（张红宇，2016）。对我国而言，市场机制要求企业适度规模，而这种适度，随着产业和技术的发展而上升，所以未来我国家庭农场的规模势必呈扩大之势（朱道华，1995a）；但受中国人多地少的严格限制，中国农业的现实和将来主要在适度规模的资本-劳动双密集型农场，而不在节省劳动力的机械化大规模农场（Huang，2012）。②家庭农场转化为农业企业。朱道华（1995b）通过对美国等西方发达国家现代农业的剖析，指出现代家庭农场是高度商品化的企业，拥有现代的技术与技术装备，更重要的是已纳入社会化生产体系之中。丁声俊（2013）借鉴德国家庭农场的发展特点，认为我国家庭农场的未来发展应向形式普遍化、种类多样化、经营企业化、管理现代化、发展合作化五个方向发展[①]。③从组织模式来看，联合与合作成为主要趋势。如在美国，在家庭农场的基础上形成了合伙农场、公司农场和合作社农场，其中公司农场一般采用企业法人管理形式；在法国，在家庭农场自主管理的基础上，逐渐形成农工商一体化的农业现代化生产组织结构[②]；孔祥智（2014）总结美国、澳大利亚等国的发展经验，推测未来我国家庭农场的发展前景一定是加入或牵头组建合作社。④在经营模式上，融合了种植、养殖及其他特色经营模式的家庭综合农场更有利于农户的劳动和土地的效率最大化利用（杜润生，2002；黄宗智和彭玉生，2007b；刘莹和黄季焜，2010）。王树进等（2013）的研究证明，以先进栽培技术为依托的蔬菜家庭农场，具有较高的经济效益、社会效益和生态效益。

---

① 丁声俊. 家庭农场的"五化"特色. 人民日报，2013-05-07.
② 农业部，中国社会科学院. 2015年中国家庭农场发展报告. 北京：中国社会科学出版社.

2.1.6   文献述评

从已有的文献可以看出，政府和学界已对家庭农场的内涵、生成的制约因素、运行效率状况及发展趋势等进行了多方面的阐释，总体上持乐观态度。但是现有研究仍存在诸多不足之处。主要表现为：

第一，从对家庭农场的争论看，当前学界及政府部门对家庭农场的规模标准、经营特征、发展必要性的认知仍不统一；现有研究缺乏从制度经济学视角对家庭农场内涵和特征进行界定，对于我国该发展何种模式的家庭农场以实现农业增效、农民增收及食品安全的目标尚待进一步验证。

第二，从对家庭农场生成的研究来看，目前的研究更多是对家庭农场的制度优势、制度变迁机制及制度框架特征的理论分析，缺少运用交易成本理论、契约理论、产权理论等对家庭农场的生成过程进行实证研究。

第三，从对家庭农场运行效率的实证分析来看，现有研究缺乏对家庭农场运行效率的分类测度，对不同类家庭农场运行效率的差异缺乏对比分析；而对家庭农场运行效率影响因素的分析，多是从农户自身特征、环境特征及技术特征方面构建指标体系，缺少从制度结构视角对家庭农场运行效率的影响因素分析。

2.2   概念界定

基本概念界定是确定研究对象及所涉及内容划分的依据，是研究的前提和基础，因此，有必要对本研究中所涉及的制度、效率、家庭农场等概念进行界定，其他所涉及的相关概念会在文中出现的地方进行必要的阐释。

2.2.1   家庭农场

从文献综述可知，关于家庭农场的概念截至目前学界及政府部门的认识仍不统一，各地政府出台的标准也各不相同。纵观农业部及已有的文献对家庭农场的定义，虽然侧重点有所不同，但总体上认为我国家庭农场有以下几个共性特征：以家庭成员为主要劳动力，区别于公司农场和集体农场；具有一定的规模，区别于普通农户；以农业为主要收入来源，强调农场经营的专业性与职业性。在上述家庭农场定义的共性基础上，本文着重强调家庭农场的契约性质，即将家庭农场视作一系列契约关系的集合，它的形成和存在是参与者连续多次博弈的结果。结合中国实际，我国的家庭农场还具有以下几个方面的特征：

（1）企业契约性质

家庭农场属于由农民家庭经营的小微型农业企业，经营主体、经营手段和经营目标等具有明显的企业性质，可自主到工商行政管理部门进行登记注册，以取得合法资格的经济组织，但它又不同于一般意义上的企业，我国的家庭农场是建立在家庭联产承包责任制这一基础制度上的次级制度创新，生产经营方式上客观存在着村集体、普通农户、家庭农场经营者三方产权关系，家庭农场的土地大部分要通过土地流转而来，故土地所有权制度的差异决定了家庭农场的发展在我国具有其特殊性。本质上，家庭农场是在农户农地产权契约联结的基础上，引入现代企业制度，实行农业企业化经营的组织，契约治理形式的选择、执行对于家庭农场经营者的行为具有很强的激励与约束作用。

（2）公共产品特征

从社会责任的角度而言，家庭农场的发展，至少要承担以下三个社会目标：一是粮食安全和农产品的稳定供给；二是农产品的质量安全；三是农业的可持续发展。家庭农场的生产经营活动具有公益性质，家庭农场的提出与培育也是基于我国当前农业日益边缘化、农民种粮积极性不高、农业面源污染加剧等现实情况，要实现这些目标必须得培育家庭农场等新型农业经营主体，让愿意种粮的人能够扩大耕种规模，在保障粮食安全和农业环境可持续的基础上从种粮中得到较好的收益。在某种程度上，家庭农场的公共产品属性，需要政府、农民家庭、民间组织等协力合作不断创新，构建对家庭农场的各层级支持服务体系。

（3）规模特征

具有比较大的经营规模是家庭农场区别于均分制下小农经营的最大特点，但人多地少等基本国情决定我国家庭农场经营规模扩大的艰难性与有限性。据统计，我国约有 20 亿亩的农地保有量和大约 2.66 亿个农户，即使家庭农场平均经营规模为 100 亩，约需 2 000 万个农户就耕种了全部农地，意味着其他 2 亿多农户需另谋出路，这对于中国而言在较长期内是不切实际的，让更少的劳动力利用既定的资源，更少的农业人口分配规模经营的产出，这将是一个漫长的过程。由于人地关系的决定性作用，我国家庭农场的规模和数量必定会受到限制。家庭农场的发展必须因时因地而异，其大小应是区域经济水平、人口与时间等的函数。假定人口将继续增长，并且在很长一段时间内整户从农村到城市的迁移还停留在不多的水平上，那么可以十分肯定，农场的规模仍将很小。著名学者黄宗智（2014b）指出，如果农场的经营规模能达到 20～50 亩的规模，其实已经达到了自家劳动力的充分使用，乃是最符合中国国情的、最能够高效使用土地、最能够为农业从业者提供充分就业和"小康"收入的真正意义的家庭农场。由于家庭农场的发展在我国尚处于初级阶段，对其界定应该避免不合时宜的精确性，制度安排应保持弹性和开放性，这样它们才能够快速且低成本地调整到新的环境去。

结合河南省的实际情况，本书所界定和研究的家庭农场为：从事粮食种植为主的规模在 20 亩及以上；而以养殖为主的家庭农场对土地规模要求不高，故按照养殖的品种和数量来界定，以养殖家禽为主的数量不少于 2 000 只，以猪或羊为主的不少于 100 头，以牛或驴等为主的不少于 50 头等；从事种养结合的可适当放宽。

2.2.2 制度

制度是社会思想和理论中最古老、使用频率最高的概念之一，并且在漫长的理论历程中不断展现出新的含义（Scott，2000）。诸多学者从政治学、社会学及经济学角度进行了大量的阐释。本研究主要关注制度经济学方面的定义，舒尔茨（schulz，1968）将制度视为某些服务的供给者，涉及政治、社会及经济行为的一系列规制，他强调人的经济价值的提高产生了对制度的新需求。诺思（North，1990a）认为，制度是一个社会的博弈规则，可分为制度环境和制度安排两个层次，前者指用来确立生产、交换与分配的基本的政治、社会与法律规则，后者指支配经济单位之间可能合作与竞争方式的规则。制度由三个基本部分构成：正式的规则、非正式的规则（包括行为规范、惯例和自我限定的行事准则等）以及它们得以实施的机制（Furboton and Rcihter，2015）。斯科特（Scott，2008）从建构意义与促进社会生活稳定性角度，指出制度包括规制性、规范性和文化—认知性等三大基础性要素，及其相关的行动与物质资源。契约论认为，制度是公民经过多次博弈而达成的某种契约形式或契约关系（汪丁丁，1992a）。同样，马克思主义经济学也认为，经济制度是人们在长期生产实践中形成的人与人之间的经济关系或行为方式。

在农业系统中，制度就是生产方式、生产法则、管理体制、政策规范等，制度是推动农业经济增长的重要因素（傅新红，2016）。只有不断完善和创新农业经济制度，才能实现农业经济的持续稳定发展。本研究倾向于把制度定义为人们在交易过程中所形成的某种契约关系或行为方式，而制度规则就是契约关系人之间在交易过程中相互博弈的结果。本质上，家庭农场就是各类投入要素所有者基于一系列合约关系形成的农业生产组织，它的经营绩效受制于与不同利益主体之间所发生的经济关系。

2.2.3 效率

在经济学中，效率是指在生产技术和资源存量既定的条件下，通过要素的优化配置，能给社会带来的最大福利。Farrell（1957）最早从投入角度，提出技术效率的概念，认为技术效率是指在产出既定时决策单元理想的最小可能性投入与实际投入的比率。Leibenstein（1966）则从产出角度认为技术效率是指在投入既定时决策单元实际产出与理想的最大可能性产出的比率。从制度经济学角度，效率是指某项制度的实施对总产出水平所产生的边际贡献，它可以理解为制度行为的经济绩效。新制度经济学代表人物诺思（North，1990b）认为制度和制度的变迁为经济绩效提供了激励，是决定经济绩效提升的关键。威廉姆森（Williamson，1979）指出规则结构或制度安排在决定一个经济单位的行为和效率中起着关键的作用，效率的源头是在"有效地利用理性"和防止交易遭受机会主义的风险损害的组织形式能力范围内。实证代理理论代表人物 Gerard Charreaux（2000）认为，效率是建立在知识的最优使用基础之上，即效率主要取决于组织成员在决策制定时使用"相关的"知识、价值的能力①。

结合经济学和制度经济学对效率的定义，本研究中家庭农场的运行效率是指在制度结构场域内家庭农场基于投入角度的技术效率，其效率水平的高低除受要素投入配置等可控因素的影响外，还受制于制度场域内与各种要素的所有者所形成的契约关系的影响。

2.3　新制度经济学的理论框架

本书的分析基于这样一个基础洞察：制度和组织的建立，以及它们的正常运行，都需要消耗一定的资源。而资源在生产和分配活动中即是一种交易的要素，同时也是维持制度运行所必不可缺少的消耗性要素。作为一种制度安排，家庭农场的生成及运行需要交易大量的资源，需要对资源的产权进行界定，形成广泛的契约关系，在这一过程中，每一项交易的完成都需要额外消耗一定的资源，即制度实施的交易成本。本研究将主要以新制度经济学的制度变迁理论、交易成本理论、产权理论、契约理论、制度结构理论为理论基础，全面阐释家庭农场生成及运行效率的影响因素，以揭示家庭农场发展的规律。

2.3.1　新制度经济学的基本假设和术语

新制度经济学是由旧制度经济学发展而来，它主要新在产权和交易成本上，并把制度分析纳入了新古典经济学的分析轨道。新制度经济学是用主流经济学的理论和方法对制度、交易成本和经济绩效之间的关系进行研究的科学（刘远凤，2014），其核心思想是，制度对于经济的运行绩效是至关重要的，最显著特征就在于它关注现实社会产生的问题，并从实际出发用制度方式来研究人的行为。本书涉及的新制度经济学的一些基本假设和术语有：

（1）方法论上的个人主义

新制度经济学强调个人均具有不同的以及变化的偏好、目标和想法，

---

① 埃里克·布鲁索，让·米歇尔·格拉尚. 契约经济学理论和应用. 王秋实，等，译. 中国人民大学出版社，2011.

对社会现象的研究应从个体成员的认识和行为出发，要考虑他们的个体异质性以及相互关系。

（2）有限理性

与传统新古典经济学家坚持所谓的"完全个人理性"不同，由于作为个体的人在知识、远见、技能和时间上都是有限的，为了更接近真实世界的情况，新制度经济学家更多关注的是不完美的个人理性。西蒙（Simon，1957）利用有限理性这一术语指代这一事实，他指出尽管决策者主观上追求理性，但客观上只能有限地做到这一点。

（3）机会主义行为

威廉姆森（Williamson，1998）把机会主义描述为一种机敏性的欺骗，特别是指那些精心策划的误导、歪曲、颠倒或者其他种种混淆视听的行为。机会主义的存在说明，尽管有限理性阻碍人们制定完全契约，但如果契约关系人可以相互信赖，那么就无须缔结完全契约。

（4）效用最大化

新制度经济学中，假定个体能观察到他们自身利益，并在现存制度结构约束下追逐自身的利益，实现效用的最大化。

2.3.2 交易成本理论

经济学家从不同角度对交易成本进行了阐释，科斯（Coase，1937a）最早认识到交易成本这一概念在制度分析中的重要性，他把交易成本界定为"使用价格机制的成本"；阿罗（Arrow，1969）给出一个更一般化的定义，认为交易成本是指经济制度运行的费用；阿尔钦（Alchian，1972）将交易成本等同于信息费用；威廉姆森（Williamson，1971）围绕合约的不完全性和机会主义行为，将交易成本界定为经济系统运转所要付出的代价或费用，并从资产专用性、交易频率和不确定性维度对交易成本进行了衡量，他明确指出经济组织的核心问题在于节省交易成本；诺思（North，1990a）将交易成本界定为"规定和实施构成交易基础的契约的成本"；达尔曼（Dahlman，1979）则将交易成本描述为"搜寻与信息成本、议价与决策成本、检验与执行成本"；弗鲁博顿和瑞切特（Furboton and Rcihter，1996）认为交易成本在本质上是专业化和劳动分工的费用，并根据交易成本产生的背景不同，将交易成本细分为市场型交易成本、管理型交易成本和政治型交易成本。汪丁丁（1995）从机会成本角度，把交易成本定义为在一群利益不一致的人们中间组织劳动分工所花费的机会成本，认为人们之间的利益分歧是交易成本发生的前提。卢现祥和李小平（2008）则直接将交易成本定义为处理人与人利益关系的费用，是执行交易行为而投入的要素和企业家才能的耗费。

理论应用：当前，交易成本理论被广泛地运用于委托代理关系、产权界定、外部性问题、集体行动、寻租活动、多种体制组织形态的形成和发展、经济史、政治制度等研究领域（龚卫平，2003）。具体回到本书，交易成本主要是指在家庭农场培育过程中农地产权从一个经济主体（农户）向另一个主体（家庭农场）转移过程中所需要消耗的资源成本，包括搜寻和发现交易机会的成本、缔约谈判的成本和监督契约履行的成本。在制度目标给定的情况下，交易成本的上升会严重制约家庭农场生成所需进行的农地产权交易的范围和条件。交易成本理论的方法和思想几乎贯穿本书的每个部分。其中第 3 章将从交易成本视角深入探讨我国家庭农场生成的动因及约束，并指出降低交易成本是家庭农场生成的关键因素；第 4 章根据威廉姆斯对交易成本衡量的分析框架，构建资产专用性、交易频率及不确定性的指标体系，实证分析对家庭农场生成选择的影响；第 5 章结合契约理论、产权理论和交易成本理论，深入分析家庭农场生成契约缔结的影响因素；第 7 章结合制度结构理论、契约理论和交易成本理论，探讨了契约关系对家庭农场运行效率的影响；第 8 章根据研究结果，提出了降低家庭农场生成及运行交易成本的政策建议。

2.3.3　产权理论

产权经济学主要着力于对产权、激励与经济行为的关系的研究（张亦工，2000a）。产权是一个社会所实施选择的工具，一种经济品使用的权利，它不是指一般的物质实体，而是指人们对物的使用所引起的相互认可的行为关系（Alchian，1967）。产权的基本内容包括一个行动团体对资源的使用权与转让权，以及收入的享用权（Cheung，1970），它的权能是否完整，可以从所有者对它具有的排他性和可转让性来衡量。产权安排确定了每个人相对于物时的行为规范，决定着生产、投资和交易的动机（Fur-boton and Rcihter，1972）；其重要性在于它有助于一个人形成与他人进行交易时的合理预期（Demssetz，1967）。科斯（Coase，1937b）指出，在存在交易成本的情况下，权利的初始界定会对经济制度运行的效率产生影响。从经济学意义来讲，一种产权结构是否有效率，主要视它是否能为在它支配下的人们提供将外部性较大地内在化的激励。如果现存的产权结构限制或阻碍了人们对相对价格或技术变化的反应，潜在的利润没有被人获取，将会使得人们有动机去采取更为合适的产权制度（Libecap，1989）。但产权的界定永远是一个相对的概念，一项资产的有价值属性总会存在未被界定的情形，产权界定中就必然会存在未明确界定的"公共领域"（袁清明，2008）。

理论应用：产权如何架构有着重要的效率属性。若农业经营规模没有与效率的产权制度结合，规模再大也无益于生产力发展。家庭农场是建立在家庭联产承包责任制基础之上的次级制度创新，其生成过程中必将涉及与多个契约主体之间的财产关系与利益关系的调整。国家实施的农地所有权、承包权和经营权"三权分离"的政策为农地资源配置提供了运作空间，其中农地集体所有权是我国农地制度的基本内核，在这一基本内核不变的前提下，盘活农地的承包权和经营权，最大限度发挥农地转让权的经济功能，是发展规模农业的前提条件。在本文中，将对我国农地产权制度的特征进行深入分析，并在第 3 章、4 章、5 章、7 章中都在农地产权制度方面设置了相关的指标变量，分析了这些变量对家庭农场生成与运行效率的影响，最后在第 8 章中就农地产权制度的设计提出建议。

2.3.4 契约理论

契约理论是为解决现代经济社会中普遍存在的财产权利在不同当事人之间分解所引致的激励问题（张亦工，2000b）。研究的主要问题：一是信息不对称状态下的收入转移；二是研究风险在不同风险态度的当事人之间如何分担（Hart and Holmstrom，1987）。契约理论可分为完全契约理论和不完全契约理论，完全契约理论强调在事前规定了各种或然状态下当事人的权利和责任，问题的重心是事后的监督问题；不完全契约理论则主张不能规定各种或然状态下的权责，而主张在自然状态实现后通过再谈判来解决，问题的重心就在于对事前的权利进行机制设计（杨瑞龙和聂辉华，2006）。弗鲁博顿和瑞切特（Furboton and Rcihter，1996）进一步指出事前用来防止事后机会主义行为的办法是新制度经济学所关注的理论核心之一。泰罗尔（Tirole，1999）指出契约不完全的原因主要是由预见成本、缔约成本和证实成本引起的。哈特和穆尔（Hart and Moore 2008）指出，由于交易成本的存在，最佳的契约形式是在保护权利感受的刚性与促进事后效率的灵活性之间进行权衡取舍。威廉姆森（Williamson，1985，1996）指出每一种交易活动都将涉及契约的缔结与执行，而不同契约带来的交易成本不同，所需要匹配的治理结构也不同。

理论应用：新制度经济学将组织看作是一系列契约的联结，其中包含着许多参与到组织中的个体，从该视角出发，本研究把家庭农场视为关系型合约的网络，在这个网络中包含着多个与家庭农场产生交易的个体，它们通过缔结契约，确定各自的权利和义务，实现生产要素在空间、时间、数量上的最佳配置，以获取合作收益。不断探索创新家庭农场的契约缔结及合作模式，稳定农场经营者的经营预期，将有利于缓解农业生产的压力，对农业的可持续发展具有重要意义。本书将家庭农场视为"契约人①"，并在第 5 章和第 8 章中着重运用契约理论分析了对家庭农场生成契约选择及运行效率的影响。

2.3.5 制度变迁理论

制度变迁是新制度对旧制度的替代、转换与交易的过程（黄鑫鼎，2009）。新制度经济学的制度变迁理论始于 20 世纪 70 年代前后，大致可区分为需求诱致型与供给主导型两种方式（杨瑞龙，1997），其代表人物主要有科斯、哈耶克、奥尔森、诺斯、青木昌彦等。

科斯（Coase，1937c）是最早从需求方面对制度变迁展开分析的，他

---

① "契约人"的概念是威廉姆森在其著作《资本主义经济制度》中提出，他指出契约人具有有限理性和投机两个特征，是指在有限理性的前提下，为减小机会主义的风险，保障与实施契约的执行，而最小化交易成本的行为人。

指出"一旦考虑到进行市场交易和成本，那么显然只有这种调整后的产值增长多于它所带来的成本时，权利的调整才能进行"。他分析变化了的环境、技术、人口及意识形态等如何向人们提供新的获利机会，从而提供制度变革的动机。诺思（North，1993）等人在科斯的研究基础之上，构造了一个制度需求分析框架，指出当在现有制度结构下，由外部性、规模经济、风险和交易成本所引起的收入的潜在增加不能内在化时，一种新制度的创新可能应运而生。拉坦（1994）则重点研究了制度变迁的供给方面，他观察到导致制度变迁主要依赖两个因素即知识基础和创新成本，当社会科学知识和有关的商业、计划、法律和社会服务行业的知识进步时，制度变迁的供给曲线也会右移。奥尔森（Olson，1997）认为，当新制度给利益集团带来的收益大于旧制度时，利益集团会联合起来推动制度的变迁。他指出在制度变迁中，政府应该采取主动措施，补充制度供给的不足，以更有效地推进社会制度的变迁。诺斯（North，1994）进一步指出政府应该从提供合理的制度和法规环境、产权界定、意识形态三个方面发挥作用。较之诺斯等人的对于制度变迁论断不同，哈耶克（Hayek，1944）则从进化论视角提出"自生自发社会秩序"的制度变迁理论框架，他认为制度是经过不断试错、日益积累而得的结果，是经验的总和，制度的变迁过程则是无数个人互动和博弈的过程。青木昌彦与奥野正宽（1999）从内生博弈规则制度观视角出发，认为制度的变迁相当于博弈从一种均衡向另一种均衡转移，其结果不仅与在战略方面的整体质变相联系，而且与参与人在共同信念方面的变化也相联系，并指出政府在制度变迁中应发挥重要的作用。

理论应用：从上述制度变迁理论中，可以归纳出制度形成的力量主要有两种途径：一种观点认为制度是自然演化的结果，制度的演化过程是行动者不断参与进行利益博弈的过程，通过反复不断的利益博弈与讨价还价，最终形成一个行动者一致认可的制度；另一种观点认为制度是社会精英等人为设计的结果，所形成的制度更多体现的是利益集团的偏好与价值观。中国家庭农场的生成实际上是农地制度变迁的结果，是农业经济的结构性转变过程中制度创新与旧制度逐渐消亡的过程。斯坦利（Stanley Metcalf，2004）将这种结构性转变明确为制度结构内演化和制度结构本身的演化。本研究认为，我国家庭农场制的创造和扩散是由政府、社会精英等自上而下的进行规制设计与推广和农户、企业等行动者自下而上的需求相结合的过程，他们出于节约交易成本的目的而共同促进了家庭农场制的生成。其中采纳新制度者（农户等）的特征与条件，或对其内在需求的影响因素是决定家庭农场扩散与实施的关键；那些试图对新制度进行扩散的代理人（政府等制度设计者）的性质和努力决定了制度供给的强度。本书在第 3 章中根据制度变迁理论的基本框架，围绕如何节约交易成本从意识形态、环境条件、要素禀赋、规模经济及政府作用角度，深入分析我国家庭农场生成的内外动因及约束。

2.3.6 制度结构理论

制度是一系列管束主体福利或效用最大化的个人行为的规则，"结构"是指一个系统内各要素及其组织状况或相互联系状况，它既包括构成要素的种类及其相互间的数量比例，也包括不同构成要素的地位及相互联系（软文彪，2005）。制度结构就是构成制度体系的各种制度安排之间的相互关系、相互作用的方式及其变化规律的系统。林毅夫（1994）将制度结构概括为经济社会中各种非正式制度和正式制度的总和，包括法律、习俗、组织和意识形态等。社会学家吉登斯（Giddens，1984）认为，结构是"循环反复地卷入社会系统再生产的规则与资源"。结构既有制约性，又有使动性。"规则"是"在社会实践的实施以及再生产活动中运用的技术或可以加以一般化的程序"。资源是指"行动者用来处理事物的工具，又可以分为权威性资源（强调对人活动的协调）和配置性资源（强调对物的控制）。随着社会生产力的发展，结构不断地进行优化调整，当规则与资源历经反复的再生产，在一个确定的地点稳定下来时，作为社会互动系统的制度就被生产出来（乔纳森·特纳，2001）。

理论应用：家庭农场作为一种新型农业经营主体，既保留了家庭经营的传统优势，又能适应现代农业发展的需要。如果把家庭农场看成是一种制度安排或结构，在某种程度上它具有企业的性质，是一系列规则、资源与契约关系的组合，客观上存在着结构与功能的关系问题，其制度规则与资源权属也在不断进行动态演进。家庭农场的契约关系涉及农民家庭内部成员、市场交易主体、政府部门及合作经济组织等，由于契约关系的复杂性和主体的多样性，势必会约束家庭农场的项目选择与长期投资。故家庭农场制的成功与否取决于和各个契约主体竞争中的生存能力。本书在第 7 章中从制度结构理论视角，阐释了家庭农场的制度结构特征，并就如何建构家庭农场的制度结构体系提供思路，最后探讨了在制度结构场域内契约关系对家庭农场运行效率的影响。

2.4　本章小结

首先，本章通过文献综述阐明了全文研究的切入点，发现已有研究缺乏从制度经济学视角对家庭农场内涵的界定，缺少运用交易成本理论、契约理论等对家庭农场的生成进行实证分析，以及缺乏从制度结构视角分析影响家庭农场运行效率的实证研究。其次，对研究中涉及的关键概念进行了明确的界定，为以后各章的分析奠定了科学的根基。最后，较全面地阐释了新制度经济学的基本假设和理论分析框架，并对交易成本理论、契约理论、产权理论、制度变迁理论和制度结构理论等对本研究的启示进行了详细的阐释，并进一步阐明各个理论在本研究中的应用范围。

第三章 我国家庭农场生成的动因及约束

3.1 问题提出

家庭农场作为一种新型农业经营组织，既保持了家庭经营在农业中具有优势的制度内核，同时又是对小农经营模式的一种扬弃，它是建立在家庭联产承包责任制基础上的农村基本经营制度的又一次创新。但新制度的生成有其特定环境条件与约束，如何在局限条件下使家庭农场制的推进对农村和农民真正有效率是个急需研究的问题。根据第2章对家庭农场生成机制的文献梳理发现，现有研究分别从制度结构、供求规律及环境适应性角度对家庭农场生成的制度变迁进行了分析，但缺少从交易成本视角对家庭农场生成的分析。家庭农场在本质上就是各类生产要素所有者基于一系列契约关系而组合起来形成的农业经营组织（伍开群，2013）。实践中，为获取农地、农用物资、资金、劳动力、农业技术及市场信息等要素，家庭农场需要与农户、农资经营者、债权人、村集体、合作社等多个主体缔结一系列的契约（陈军民，2015）。而这些契约安排的厘定与执行，以及协助合约的法律、风俗、制度的形成，都有交易或制度费用（张五常，2012）。因此，作为一种契约安排，家庭农场的形成必然受交易成本大小的约束。

鉴于此，本章将结合制度变迁理论构建家庭农场生成的制度变迁框架，并从交易成本理论视角，围绕与家庭农场产生契约关系的各个主体对家庭农场生成的过程进行系统分析，以阐明家庭农场制生成的内外动因及约束因素。

3.2 家庭农场制生成的动因解析

根据诺斯等人提出的制度变迁理论基本框架，本书构建了我国家庭农场生成的制度变迁机制框架（图3-1），认为我国家庭农场的制度变迁是由政府、社会精英等自上而下的进行规制设计与推广和农户、企业等行动者自下而上的需求相结合的动态演进过程，他们出于节约交易成本的目的共同促进了家庭农场制的生成，其生成过程受到要素禀赋、外部制度环境、缔约成本及农民对新制度路径依赖的约束。

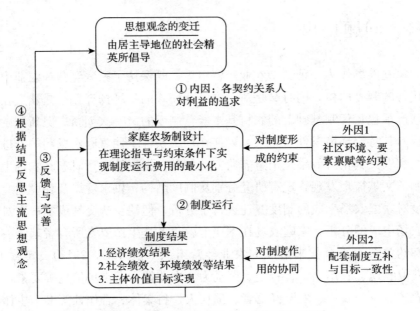

图 3-1　我国家庭农场生成的制度变迁机制

3.2.1　主流思想观念的变革

制度经济学家凡勃伦（Veblen，1914）发现，在经济与社会变迁背后，是人们的思想习惯的演变，制度既是思想习惯发展之结果，又随思想习惯的改变而演变。我国家庭农场制的形成是由政府机构、学者精英根据社会经济环境变化倡导的思想观念与社会成员的认知与需求融合所共同选择的一套农业经营组织再造性规则，这一选择表现为各契约主体之间为达成一系列可行合约（稳定且交易成本低）的博弈过程。在新制度形成的过程中，诺斯（North，1994）认为，国家的作用很重要，国家法律层面的规则造就、引导和确定经济活动中的激励系统与非激励系统。我国自2008 年党的十七届三中全会提出发展家庭农场以来，中央政府与各级地方政府出台了多个规制家庭农场发展的政策文件，制定了一系列具体扶持措施（表 3-1、表 3-2）。政府通过行政规制将权力施加于家庭农场组织的创立与运行，界定了家庭农场的性质与经营范围，进一步明确了家庭农场的产权，对行动者积极参与家庭农场提供了稳定的预期，有效促进家庭农场的扩散。各地家庭农场发展迅速，据农业部统计，到 2012 年年底家庭农场的发展数量就达到了 87.7 万家。而学者精英对家庭农场的贡献在于通过对客观实在的界定而实施指导控制，通过设计发展的理论框架，提出各种发展模式和道路，为家庭农场的实施制定原则和方针，为政府对家庭农场的扶持提供指引。

表 3-1　2013—2015 年主要省份对家庭农场的支持政策措施

省份	发展数量（家）	主要政策措施
湖北省	46 682	健全管理服务制度；通过农村经管服务机构建立农村土地流转服务中心，建立农村产权交易平台 18 个、县级以上土地流转服务平台 62 个、乡镇服务平台 1 020 个、村级流转服务组织 16 658 个；积极培训农场主；进行专项资金扶持
广东省	38 200	实施政策性农业保险、创新商业保险；资金扶持，奖励示范农场每个 10 万元；农村土地经营权流转市场完善；实现抱团发展，农场与合作社的对接达 80%
山东省	38 000	开展省级示范创建；加大金融支持；建立土地流转服务中心 1 406 个；对农场主进行生产技能、经营能力和创业能力培训；建立对家庭农场的监测管理制度
河北省	30 274	开展省级示范创建；成立示范家庭农场联合会；对符合条件的农场进行专项补贴
湖南省	29 000	开展省级示范创建；进行专项资金扶持；建立监测统计制度；统一家庭农场认定管理；鼓励与农技部门等结对发展
黑龙江省	28 600	开发家庭农场管理系统；制定家庭农场认定管理办法；实施项目资金倾斜
江苏省	21 800	建立家庭农场运营监测系统；重点扶持 100～300 亩的农户家庭农场；重点补贴家庭农场土地流转行为；每年培训万名农场主
吉林省	21 558	县乡村三级农村土地流转服务体系已形成；全省土地流转服务中心 881 个，土地流转服务大厅 874 个；专项资金 1 000 万元构建覆盖全省的农村产权交易市场

（续）

省份	发展数量（家）	主要政策措施
安徽省	20 947	专项资金 4 000 万元；开展示范农场的认定，每个补贴 5 万元；实施政策性农业保险，其中市财政补贴 30%、县区 40%、农场 30%；开展"直管直贷"试点；加强农场主培训力度
河南省	19 700	出台各种支持文件 135 个；出台河南省农村土地承包经营权抵押贷款暂行办法；专项资金 4 300 万元支持家庭农场；培训农场主 5 000 余人
浙江省	17 955	土地流转农民养老保险制度；鼓励季节性流转；制定统一土地承包经营权流转合同文本格式；县乡村全面建立土地流转服务组织；示范农场创建
四川省	13 873	政策引导推进农户的合作与联合；规范登记，保障土地流转权益
江西省	13 457	加强政策引导，编印江西农场改革创新重要文件汇编；完善注册登记制度；设立专项扶持资金
福建省	12 000	因地制宜制定家庭农场认定标准；开展省、市、县三级示范创建；每年专项财政支持 1 500 万元；规范土地流转，建立县乡村三级土地流转体系；开展示范创建
重庆市	11 400	专列 1 000 万元资金支持；实施农村产权抵押融资；组建兴农融资担保公司和农业担保公司；发展农业保险，险种 28 个，参保额 100 亿元；促进互联网＋农场
山西	8 336	建立家庭农场名录，研发家庭农场信息管理系统；实行证书管理；建立家庭农场档案；制定山西省家庭农场台账
内蒙古	7 249	出台家庭农牧场认定标准；生态家庭农牧场建设标准
辽宁省	3 217	施行家庭农场登记备案制度；对认定的示范性农场奖励 5 万～10 万元
上海市	3 034	制定家庭农场经营情况表、家庭农场登记表、建立家庭农场报备制度，将家庭农场数据纳入统计年鉴；培训农场主 2 084 人；完善服务机制
天津	2 044	构建土地流转服务平台 131 家，形成了市、区县、乡镇三级一体的土地流转服务体系；市委组建农业投资担保有限公司

资料来源：根据《2015 年中国家庭农场发展报告》整理所得。

表 3-2　2013—2016 年中国各职能单位对家庭农场的具体支持措施

年代	部门	文件名称	重点内容
2013	农业银行	中国农业银行专业大户（家庭农场）贷款管理办法（试行）	解决家庭农场融资难问题
2014	农业部	关于促进家庭农场发展的指导意见	明确家庭农场发展重点、规模标准、人才培训支持等
2014	中办国办	关于引导农村土地经营权有序流转发展农业适度规模经营的意见	整合涉农资金优先流向家庭农场等规模经营农户；实现"三权分置"
2014	人民银行	关于做好家庭农场等新型农业经营主体金融服务的指导意见	解决家庭农场融资难问题
2014	国土资源、农业部	关于进一步支持设施农业健康发展的通知	解决家庭农场晒谷坪、仓库等农用设施建设用地
2015	农业部、财政部	2015—2017 年农业机械购置补贴实施指导意见	规定中央财政补贴机具种类包含 11 大类 43 小类 137 个品目
2015	财政部、农业部等	关于财政支持建立农业信贷担保体系的指导意见	建立家庭农场贷款担保基金，化解贷款难问题
2015	国家农业综合开发办	农业综合开发推进农业适度规模经营的指导意见	建设高标准农田，允许包括家庭农场等直接申报和实施农业综合开发项目
2015	财政部、农业部	关于调整完善农业三项补贴政策的指导意见	从农资综合补贴中调整 20% 的资金，统筹用于支持粮食适度规模经营
2016	财政部、农业部	关于全面推开农业"三项补贴"改革工作的通知	继续安排资金用于支持粮食适度规模经营
2016	中央会议	关于完善农村土地所有权承包权经营权分置办法的意见	实行所有权、承包权、经营权"三权分置"，放活土地经营权
2016	农业部	农村承包土地的经营权抵押贷款试点暂行办法	开展土地经营权抵押贷款的自发探索
2016	国务院	国务院关于开展农村承包土地的经营权和农民住房财产权抵押贷款试点的指导意见	着力解决家庭农场等主体抵押贷款问题
2016	中国保险行业协会	农业保险服务通则	制定出台了保险业首个团体标准，明确了农业保险经营管理的规范操作流程

3.2.2 契约关系人的内在需求

（1）农户对节约交易成本的努力

从传统农户经济到农场经济的演变是农户分化与务农者追求更好发展的内在要求，这是社会分工深化发展的必然。一般而言，农户对其承包地处理的选择集合可以有以下几种：①自己耕种；②无暇耕种干脆撂荒；③交给亲朋等暂时代为种植；④进入一种契约安排，把土地的使用权通过转包、转让、入股、租赁等多种形式委托给代理人以换取收入或者通过转入土地自己做代理人。家庭农场的产生与第四种有关，即家庭农场实际上是一种契约安排，农户把自己的土地使用权委托给代理人（农场户）以换取租金或股金收入。农户选择的变化必定是一种综合体，是农户过去的经验、对目前形式的了解以及他对未来结果的期望。在家庭生计安全与市场竞争的双重压力下，农户要提高要素的生产率，就要充分地参与市场，"自耕自种自售"模式对农户提出了更高的要求，随着劳动相对于土地资源的价格日益上升，出于对规模经济的追求，有务农偏好的农民渴望获得更多的农地以充分发挥其人力资本，致力于非农发展的农民期望非农务工时间投入的最大化与农地财产权价值的最大化。当一项新的制度安排契合当前实际，使农户选择的外部收益和成本能内化于农户的决策，选择新制度的动力就会增强。如图 3-2 所示：Q_1 代表我国传统的小农经营阶段，规模狭小，自给自足，商品率低，农户主动参与市场交易的次数少，发生的交易成本也低，但由于农业生产过于"内卷化"，劳动生产效率极低，规模不经济，生产成本高昂；随着分工的深化许多青壮年劳动力脱离农业生产，农地日益向种田能手集中，农户的经营规模达到 Q_2，由于生产规模的扩大，各种要素得到更充分的利用，劳动生产率大幅度提高，带来了生产成本的下降，与此同时，规模的扩大使经营者也更加注重市场讯息的搜集、主动参与市场交易的次数增多，交易成本也必然上升。当边际上一种费用（生产成本）的节约等于另一种费用（交易成本）的上升时，也就达到了生产的最优规模即 Q_2。为了进一步追求规模优势带来的交易上的好处，农场户通过"纵向一体化"或"横向一体化"的合作，实现把外部交易内部化，进一步降低了交易成本，农户把生产规模推向了更高水平的均

衡即 Q_3，但是规模并非越大越好，当经营规模超过家庭成员的劳动边际，会带来管理成本及雇工监督成本的大幅度上升。因此，适度规模的家庭农场是农户具有比较优势的制度选择。

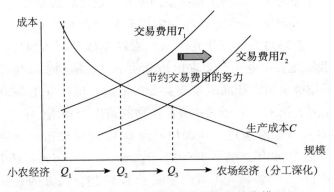

图 3-2　小农经济向农场经济演进的均衡模型

(2) 其他契约主体节约交易成本的努力

培育家庭农场也是一个选择问题，必须考虑家庭农场（无论是市场主体还是政府机构）的操作成本问题。①从政府角度而言，家庭农场的实施能为政府对农业的政策支持带来交易成本的节约。中国约有 2.66 亿小农户，且经营分散、规模狭小，数目众多的小农使政府的支农政策效果缺乏重点，撒胡椒面式补贴，对于农业犹如"杯水车薪"难以起到良好作用。因此，高素质、专业化与规模化的家庭农场就成为政府的理性制度选择。②家庭农场的形成有助于合作社的规范发展与经营成本节约。由于许多青年农民外出务工，小农户基本也不关心合作社的发展，使专业合作社的发展缺少了群众基础和规模基础，作为规模经营主体的家庭农场，经营目的是为了实现利润最大化，由于经营规模扩大、资产专用程度提高、个人经营管理能力的有限性，使家庭农场经营者有寻求合作以 规避经营风险的强烈愿望，他们加入合作社，会关注合作社运行的规范性，有助于减少合作社发展过程中的机会主义行为。且与普通农户相比，在家庭农场的基础上发展合作社，减少了合作社与成员之间交易的次数，降低了合作社运行的交易成本。③同样，农业企业通过与家庭农场开展多种形式的合作，也有助于减少与小农交易数目过多和不稳定性而带来的交易成本问题。

3.2.3　要素禀赋与制度环境条件的变化

制度变迁理论认为，要素禀赋及制度环境条件对制度的选择与形成具有重要影响（North，1990a）。相关制度安排以及自然资源、物质资本、人力资本、生态环境等共同决定了家庭农场生成与经营的环境基础。近10年来，我国主要农业生产要素价格全面上涨，推动农业生产进入高成本时代。根据《全国农产品成本收益资料汇编》统计（图3-3），自2003年以来，小麦、玉米和水稻三种粮食作物的亩生产费用一直呈上涨趋势，尤其从2009年开始涨速进一步加快，到2015年年底亩生产费用达到了872.28元，比2009年上涨了386.49元，涨幅达79.56%，其中亩物质和服务费上涨了42.93%，人工费用上涨了1.37倍。高涨的农业生产成本压低了小农户务农的利润空间，进一步加剧了农户的分化与转移，推动了农业兼业农户向家庭农场等新型经营主体的转变。

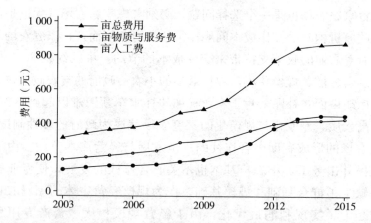

图 3-3　2009—2015 年中国三种粮食作物生产经营的亩平均费用情况变化

注：直接费用包括种子、化肥、农药、农膜、农机作业费、水费、燃料动力费、技术服务费、工具材料费、修理维护及其他费用；间接费指固定资产折旧费、保险费、管理费、销售费用及财务费用。

资料来源：根据 2009 年、2015 年全国农场品成本收益资料汇编整理所得。

同时，农地流转速度加快。据农业部统计，截至 2015 年年底，全国家庭承包耕地流转总面积达到 4.43 亿亩，占家庭承包经营耕地面积的

33.3%，比 2010 年提高 18.63 个百分点。伴随土地流转加快，农户经营土地的规模也在增加。由表 3-3 可知，截至 2014 年年底，经营面积在 50 亩以上的农户达 341.4 万户，比 2010 年增加了 68.2 万户，年均增速达 4.99%。到 2016 年 7 月，全国 2.3 亿户承包土地农户中约有 6 600 万户流转了土地，这为发展农业规模经营、加快现代化进程提供了重要条件（张红宇，2016）。

表 3-3　2010—2014 年中国农户经营耕地规模情况

单位：万户

经营规模	2010 年	2011 年	2012 年	2013 年	2014 年
10 亩以下	22 390.6	22 659.3	22 531.2	22 666.4	26 210.5
	(85.80%)	(85.94%)	(86.11%)	(85.96%)	(98.71%)
10～30 亩	2 824.9	2 819.3	2 742	2 711.8	
	(10.82%)	(10.69%)	(10.48%)	(10.28%)	
30～50 亩	609	611.4	603.6	673.6	
	(2.33%)	(2.32%)	(2.31%)	(2.55%)	
50～100 亩	201.1	197.1	204.9	225.8	235.4
	(0.77%)	(0.75%)	(0.78%)	(0.86%)	(0.89%)
100～200 亩	48.8	53.2	56.9	62.9	75
	(0.19%)	(0.20%)	(0.22%)	(0.24%)	(0.28%)
200 亩以上	23.3	25.7	25.7	28.9	31
	(0.09%)	(0.10%)	(0.10%)	(0.11%)	(0.12%)
农户总数	26 098.7	26 367	26 165.3	26 370.4	26 552.9

注：括号内数字为相应规模的户数比重。

资料来源：刘守英，等. 中国农地权属与经营方式的变化. 中国经济时报，2016-02-19.

此外，我国的农村合作医疗已全面覆盖、养老保险制度的运行日趋完善，农民对土地的社保依赖逐渐减弱。这些不断变化的环境条件，表达了对新制度安排的强烈需求。寻求一种制度能将家庭联产承包责任制与农地资源的市场化配置机制对接耦合起来显得尤为重要，这种制度既能发挥家庭经营的优势，又能带来规模经济，降低交易成本，克服小农经济的弊端。动态地看，我国的家庭农场是在一定的社会经济技术条件下，随着农村生产要素（劳动力、资本、土地等）市场的不断开放，农业生产性服务组织日益发展的背景下，从传统农户逐渐分化转变而来，并成为现代农业生产经营的主导性经济主体。

3.3 我国家庭农场生成的约束因素分析

3.3.1 不通外部制度环境的约束

作为一种制度，家庭农场的产生和发展必然受制于特定的制度环境。家庭农场制的确立要求改善相关配套制度，否则即使家庭农场制度确立，也难以发挥其应有的制度效率（林毅夫，2000）。目前，围绕家庭农场的制度约束主要表现在以下三个方面：

（1）农地产权制度界定的复杂性

我国家庭农场的大部分土地来源都是通过流转而来，这是我国家庭农场的基本特点。家庭农场的生成及规模的扩大要求有一个活跃的土地市场，若农地产权界定不清或界定复杂化将不利于土地的出租，将使家庭农场的实施面临高昂的制度成本。我国 2007 年 10 月开始实施的《物权法》规定：农村土地所有权不可以流转和买卖，土地承包经营权可流转，但流转的期限不能超过第二轮承包期的剩余年限（目前二轮承包期还有 11 年）。这种制度安排目的既想实现农地对农民的社会保障又想充分发挥土地承包经营权的经济效率功能。但在实践中这两种功能又难以兼容，土地的社会保障功能要求对承包期限进行不断调整，而土地的经济功能则要求稳定承包期限，导致我国农村低水平的保障和低经济效率并存；2008 年国家进一步提出了农地承包权的长期不变，2013 年中央 1 号文件提出利用 5 年时间全面完成农地确权工作，这两项制度增强了农户对农地的产权强度，但削弱了农村集体经济组织对农地的调整权利，进一步锁定了现有土地细碎分散的格局，加剧了农地集中连片的租金成本。根据中国健康与养老追踪调查 2011—2012 年的农户调查数据显示，农地确权后使农户参与土地流转的可能性显著上升了约 4.9%，但使流转土地的租金率大幅上升了 43.3%（程令国等，2016）。

2014 年中央推出农地产权"三权分离"的制度创新，意在放活经营权。尽管这一制度使农地产权界定更加明晰，但也使农地产权束更分散，产权在交易过程中将涉及国家、村集体、村干部、原承包户、农地转入户等多个主体之间的契约关系，他们权能的大小取决于其对经济资源的支配权力以及在农村社会生产关系中的地位，这直接影响契约达成与履行的成本。那些掌握更多资源、拥有强制力、社会关系好的主体更容易在交易中占据主导地位。土地的所有权归集体所有，而集体作为一个虚拟的产权主体，最终土地所有权要依赖村干部或者政府部门来行使，他们拥有普通农户所没有的准行政权，在土地流转中具有强势权能，能对交易双方的行为产生重要影响甚至起到决定性作用；而普通农户拥有承包权，向市场供给土地的经营权，对于土地的用途有多种选择（耕种、休耕、转租、入股等），农户甚至不以农地的利润最大化为目的，选择的多样性使他在交易中拥有较强的权能；家庭农场户是土地经营权的需求者，要想获得土地经营权需游说多个农户以较低的价格放弃农地的经营权，这要求农场户必须具有良好的沟通协调能力，在村庄中具有较高的威信，才能实现在交易中有较高的权能影响。由于产权结构的复杂性，以及有限理性和机会行为的存在，导致契约主体在市场中的行为不确定性加剧，一旦家庭情况和外部形式（如土地增值、惠农政策力度加大等）发生变化，将引发行为主体的潜在违约行为，导致契约达成与履行的纠纷上升。据农业部调查统计，2014 年农地流转契约纠纷达 9.17 万件，其中农户之间的纠纷占 79.06%，农户与村组集体之间的纠纷占 11.12%，与其他主体之间的纠纷占 9.17%（刘守英等，2016）。

（2）农民非农就业及社会保障制度约束

若无法解决放弃农地的农户能够顺利实现非农就业、老有所依、老有所养和得到农地的农户能实现有利润的生产，那么家庭农场这一制度就不会有生命力。

首先，假定农村劳动力市场不存在失业，只要农民愿意就业都能在劳动力市场找到工作。在此基础上，假定农户是一个理性的经济人，总是按照利润最大化原则行事，对于农户是否愿意放弃农地就取决于从事农业劳动的边际收益与劳动力市场所能获得的工资水平的比较，且只有当农户放弃农地经营所得收入不低于其非农就业收入时，农地流转才有可能实现。

在图 3-4 中，横轴代表农民家庭可支配的劳动供给量，纵轴衡量劳动力市场平均工资率和劳动的边际产值，*AB* 是一条自左上方向右下方倾斜

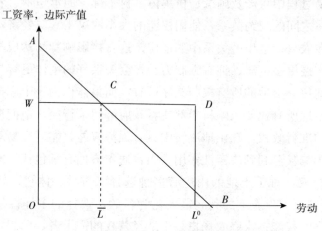

图 3-4　充分就业状态下农户家庭劳动力资源配置

的劳动边际产值曲线，OW 为市场现行的工资率，当劳动的边际产值等于市场工资率 OW 时，农民家庭实现了劳动的最优配置 $O\bar{L}$ 。当农民家庭从事农业生产的劳动供给量少于 $O\bar{L}$ 时，每增加一个农业劳动力投入，所创造的边际产值高于市场工资水平，意味着从事农业生产能得到更多的收益，而当农业劳动力增加量超过 $O\bar{L}$ 时，再增加农业劳动力投入边际值会低于市场工资率，这时继续增加从事农业生产的劳动量将是不划算的，由于劳动力市场处于充分就业状态，只要劳动者愿意工作都能得到市场的平均工资率，因此从事农业生产的机会成本就等于市场工资率。在充分就业状态下，一个拥有 OL^0 劳动力的农民家庭，在一定时期内，所能赚到的最大收益为三角形 AWC 和矩形 $OWDL^0$ 面积之和。其中 AWC 是农户家庭劳动的所赚得的净收益，$OWDL^0$ 为家庭所有劳动的平均报酬之和。若用 R 代表年折现率水平，把农户当年的预期净收益进行折现，则现值 $=(1+r)^{-1}\times AWC$ ，另 $(1-r)^{-1}=\theta$ ，则农地的租赁价格就取决于未来所赚收益的现值 $=\theta\times AWC$ 。这就意味着，对于想扩大规模的农场经营者必须支付给土地转出户不低于 $\theta\times AWC$ 的费用，才能得到土地，且他必须投入 $O\bar{L}$ 的劳动量，方能每年赚取 AWC 的净收益，如果他能通过管理和技术的更新提高边际产值，那么租入土地将是值得投入的项目，即同样的土地和劳动量，生产者能得到更多的产出。用 VS 代表农场经营者由于技术等额外要素所带来的收益的增加量，总收益为 $\theta \times AWC + \theta \times VS$，再支付租金后，净收益为 $\theta \times VS$。可见，在充分就业状态下，土地转出户把土地转出后能获得等量的收益，因此他愿意把土地转让出去，土地一般能顺利实现集中。

其次，放松假定条件，考察农村劳动力市场处于非充分就业状态时（即农村中存在着大量隐形失业者）农户的选择。用 $P < 1$ 表示在农村劳动力在非充分就业状态下找到工作的概率。如图 3-5 所示，仍然假设农民家庭拥有 OL^0 单位的劳动力，由于非农就业困难，劳动者降低了从事非农工作的预期收益为 $P \times OW$，用 OE 来衡量。即劳动者从事农业生产的机会成本低于原来的工资率 OW。当农村劳动力市场工资率为 OE 时，家庭投入农业劳动的量直到劳动的边际产值等于劳动力市场工资率 OE，而这时最优劳动投入为 OL'，超过了充分就业水平下 $O\bar{L}$ 的投入量。农民家庭劳动从事农业生产的名义收益变为 AED 的面积，在 OL' 劳动投入水平，农民家庭总的期望收入变为 $AED + OE \times OL^0$。可见如果农场经营者从土地转出户那里租赁土地，支付的价格必须得等于农民家庭名义收益 AED 的现值即 $\theta \times AED$，但是在其他条件相同的情况下，农场经营者经营租赁农地所能赚到的收益并没有变，还是原来的 $\theta \times AWC$（如果仍保持充分就业状态下的投入水平），这意味着农场经营者租入土地进行规模化经营是不值得的。

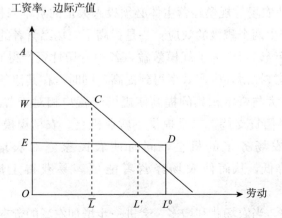

图 3-5　非充分就业状态下农户劳动力资源配置

进一步分析，$\theta \times AED$ 表示小农从事农业生产所获名义收益的现值，由于就业困难和不稳定，农民家庭投入大量的劳动从事农业生产，使农业生产名义收益增大。确切地说，劳动力非农就业的概率越低，那么从事农业生产的机会成本就越低，就会有大量的劳动力聚集于农业部门，形成农业生产的"过密化"，尽管劳动的边际产值递减，但总收益却增加了，反过来，这种农业劳动收益的增加和就业的不充分叠加抬高了农地流转的交易成本，使土地的规模经营难度增大。

最后，考察非充分就业状态下农场户的选择。仍以图 3-5 所示，假定农场经营者在农村劳动力非充分就业状态下以比较高的价格转入土地，由于规模增大，当超过家庭成员的劳动能力后，就需要从农村劳动力市场获得短期或长期雇工，并按照劳动力市场的工资水平 OW 支付工资，这将高于劳动力从事农业生产的机会成本 OE，因此农场经营者会尽可能减少劳动投入，降低雇工成本，由于劳动投入低于农户的投入水平，租入土地所带来的名义收益也必然低于农民家庭自耕的水平，为了弥补劳动投入量的减少，农场经营者必将增加资本的投入以取代劳动，直到资本与劳动的边际技术替代率相等，通过增加资本投入使劳动的边际产值曲线向右上方平移，从而使 AWC 和 AED 部分的收益同时增加。

由于农村中大量失业人口的存在，农地上承载了更多的劳动投入，农民对农地的期望总收益增加为 AED，远远大于充分就业时的农地收益 AWC，这迫使农场等规模经营主体必须投入大量的资本来提高技术水平。大规模投资产生两个积极的效应：一是提高了农场经营者的未来收益。规模扩大为农场经营者带来了规模效益，各种专用性资产得到更好的利用，单位固定成本被摊薄，生产效率得到提高，同时，在其他条件相同的情况下，规模的扩大与资本积累的提高使规模经营户相对于普通农户更能从金融机构获得信贷支持。二是提供了就业机会。农场规模的扩大也为农民提供了在农场务工的机会，同时使农民家庭对农地的期望价格（$\theta \times AED$）降低，从而使农场经营者能更容易获得土地，获利也将提高。

可以想象，当农场获利增多，会进一步增加农场的资本积累，扩大再生产，所需的雇工也会增加，这会使农村经济中的失业人口进一步减少，失业者找到工作的可能性增大，这又会降低农民家庭对农地名义收益的预期，反过来，又进一步降低农场经营者租地的成本。从而在农业产业内部形成一个"投资增加→就业水平提高→农民对农地收益预期降低→经营者租地成本降低→增加投资扩大规模"的良性循环。换句话说，在资本积累水平高和土地集中高的良性循环中，在大量投资项目的驱动下，降低了农民家庭对土地的依赖程度，随着农民对土地的期望价格降低，农场经营者也从租地经营中获得利润。反之，如出现农地细碎与资本积累水平低这样一种不良的均衡，在这种状态下，投资者不愿意投资农业，失业率难以下降，不仅现存的项目难以盈利，而且使那些有前景的项目由于高昂的成本难以实施。

当前我国对农民非农就业及社会保障等相关的制度并不完善，日益凸显的留守老人、留守妇女、留守儿童等问题导致农地所承载的期望收益太多，农场经营者若要获得土地必须支付不低于小农对农地期望收益的地租量，再加上因规模扩大对农地、资本、技术等要素需求的增加，这使家庭农场的经营面临较高的成本约束。

（3）农业信贷制度约束

扩大农业生产规模需要创建活跃的农村信贷市场。但长期以来，我国农村金融供给总体不足，农户从金融机构融资受限。根据《中国农村金融服务报告》，截至 2014 年年底，中国金融机构的农村贷款余额为 19.4 万亿元，占各项贷款余额的比重不到 23%①。家庭农场能从大型商业金融机构获得贷款的机会很少。据农业部发布的全国家庭农场监测报告，2826个样本农场中，有 83.2% 的家庭农场有融资需求，但只有 46.38% 的家庭农场获得贷款，家庭农场的主要借款渠道是农村信用社和亲朋好友，分别占 42.94% 和 28.83%。

农户从金融机构融资受限的主要原因有三个：①农户缺乏有效的抵押物。尽管国家为依法稳妥规范推进农村承包土地的经营权抵押贷款试点，国务院、农业部及中国人民银行等机构先后出台了《关于开展农村承包土地的经营权和农民住房财产权抵押贷款试点的指导意见》《农村承包土地的经营权抵押贷款试点暂行办法》及《关于做好家庭农场等新型农业经营

---

① 王丽娟，聂欧. 农村金融调查：困局与机遇. 中国乡村发现网，2016-09-20.

主体金融服务的指导意见》等政策措施，但从实践来看以农地承包经营权作为抵押物从银行贷款实施困难。一般而言，家庭农场等新型经营主体主要通过"租赁"方式转入土地，无论租期长短，租金大都需一年一付。作为理性人，银行只能认定农场经营者获得的只是当年土地的经营权。若经营者违约，农地经营权作为抵押物的价值将难以保证甚至丧失。为降低风险，银行会要求增加抵押物或联合抵押；或要求第三方进行担保（如由政府部门进行信用担保），这实际上已经不是真正意义上的土地经营权抵押贷款。相关研究发现，全国各地实行的土地承包经营权抵押，实际上通常是信用贷款或者依靠其他担保物完成（桂华，2016a）。②抵押物处置难。一旦农户违约，即便抵押物是合法的、合格的，实践中银行等金融机构根本无法有效处置（李伟伟，2016）。据《中国经济时报》，2014 年浙江省象山县种植大户郑某承包了 780 亩林地种植杨梅，他以林权作为抵押反担保，通过担保公司从农信社贷款 178 万元，但由于自然灾害，他无力偿还贷款，由担保公司代偿，但担保公司无法直接经营山林，也很难将山林转出变现，这些不容易变现的抵押物实际会变成负担。③按照供求规律，农户金融需求旺盛而供给不足，银行系统应是有利可图的，但实际却是供需缺口巨大，其根本原因是供给侧问题，即商业银行体制改革之后，其信贷产品、信贷管理体制等无法适应农村复杂的财产关系（陈锡文，2009）。

3.3.2　契约缔结的成本约束

我国家庭农场的创办，大部分土地资源的获取需要通过租赁、转包、互换等方式获得，农场户需要与多个土地转出户签订契约。无论是农场户还是土地转出户都面临着契约选择问题，若可以在交易成本为零的条件下，达成合约，无疑对双方是最佳的选择。但任何把其他所有者的资源组合起来投入生产的合约，除了谈判成本之外，还有按照合约所签订的条款产生的控制资源与分配产出的实施成本（张五常，1969a）。这些交易成本的存在以及规避风险的需要使农场户与土地转出户面临着契约形式选择与达成的博弈。①缔约谈判的耗费。对于农场户而言，农户的承包地过于细碎，若无中介组织提供协调，农场经营者需与众多分散的农户进行一对一的谈判，而农户个体具有客观异质性，他们放弃土地的机会成本不同，对租金的要求也将不同，这必将增加谈判缔约的成本；同样，土地转出户若能在一个合意的租金收益条件下把农地交给最可信的经营者是其理性选择，但甄选是需要消耗一定时间和资源的，这些消耗将削弱其缔约的积极性。②缔约预期的期限差异。对农场经营者而言，一般都期望达成长期契约，以保护附着在农地上的专有资产，若契约期限短、经常变更会导致家庭农场因资产专用程度高而承受巨大的市场风险。据《2015 年全国家庭农场监测报告》，2 245 个有效样本中，租入土地面积的期限在 5 年以上的占到 66.19%，表明目前家庭农场转入土地大多数的租期较长。另一方面，土地转出户一般倾向于选择短期契约，土地转出户所处环境预期的不确定性，如城市就业机会的预期不稳定性、未来农地价值的升值预期以及对土地承租户信誉的担忧等，使土地转出户期望签订短期有弹性的契约，以规避未来不确定性因素带来的利益损失风险。调查发现，大多数土地农户倾向于短期流转，以三五年居多，有的甚至一年一租（高强等，2013c）。而且土地流转不规范，多是口头协议，即使签订正式协议也常有违约现象发生，导致纠纷不断。③缔约的预期风险。一般来说，人们厌恶风险的程度会随不确定性的增加而增强，促使人们进一步倾向于有确定结果的选择，如果克服厌恶风险的机制被创新，契约双方总的利润会增加（Davis and North，1979）。对于农户而言，放弃农地的风险在于外出务工的不确定性与融入城市的困难性，出于自我保护的考虑他们可能以一种非理性的方式做出明显与他们的福利相矛盾的决策，即农户宁可将土地抛荒或作为副业也不流转；而农场经营者除了要承受市场风险、自然风险及技术风险外，还面临农户中途退出合约的"敲竹杠"风险。如果能使风险的结果相对于所获得的收益表现得更为确定，交易者订约与履约的动力就会增强。而契约环境的不确定性越大，契约达成与履行的成本就越高，家庭农场制的生成就越困难。

3.3.3　农民适应新制度的路径依赖

低效率甚或无效率的制度并总是轻易地发生变迁，制度一旦形成并发生作用常常会有路径依赖效应（陆益龙，2013），即使一项制度创新对人们的生产生活具有积极的作用，但因为很多人已习惯于旧制度而不愿意轻易改变，因为改变会给他们带来适应性成本而宁愿固守原来的制度。适应成本约束可分三类：①摩擦成本约束。由于各个利益群体的诉求不同，推进一项新制度会遇到那些可能会遭受损失利益群体的阻挠，这些阻挠带来的时间与物质耗费就是摩擦成本。即使在一个农民家庭内部，由于年龄结构、知识结构、务农热情等的差异，对于一项新制度的认可也会有很大的不同，年轻人多数会选择收入更高的非农工作，愿意把土地转出去，而老年人恋土情结重，不愿意转出。这些都会导致摩擦成本增加。②学习成本约束。D. 盖尔·约翰逊（2000）指出，生产的主要限制因素是人的劳动而非土地，劳动者新知识的增加是生产力提高之源。据农业部 2014 年对全国 2826 个家庭农场的监测数据显示（表 3-4），农场主受教育程度达到初中及以上的比例为 93.77%，比全国农业从业人员的相应占比（56.55%）高 37.22 个百分点，其中，近 45% 的家庭农场经营者拥有中专及以上学历；从从业经历来看，53% 的家庭农场主曾是专业大户、26% 的曾是个体从业者、22% 的曾是合作社主要负责人、15% 的曾经是村干部、15% 的曾经是农机手及 5% 的有企业管理层的工作经历。这说明经营家庭农场非传统农民所能胜任，须具备与经营大农业相匹配的务农观念与技能，农民必须投入大量的精力、时间和金钱去学习新制度变化带来的挑战，这些都会增加农民对新制度接受的学习成本。③机会成本约束。从机会成本角度，只有当农户经营家庭农场的收益大于或者至少等于将劳动力和土地资源投入到其他行业中所得到的收入时，农户才可能选择进入，因此，经营农场必然有最小规模的要求。假设农户从事其他行业的年平均收入为 I，经营农业的年净收入为 $F(S)$，其中，S 为农户的经营规模，那么农户选择经营农场必然要求 $F(S) \geqslant I$，而当 $F(S) = I$ 时，S 的数值即为家庭农场的最小经营规模，机会成本越高，对家庭农场的经营规模要求就越大。在其他条件不变的条件下（如经营规模无法调整、生产技术既定），随着机会成本的提高，农户有"退出"农场的可能。

表 3-4　样本家庭农场主的学历及从业经历情况

学历	人数（人）	占比（%）	从业经历	人数（人）	占比（%）
小学及以下	176	6.23	专业大户	1 498	53
初中	1 379	48.80	合作社负责人	622	22
高中	738	26.11	企业管理人员	141	5
职高	41	1.45	村干部	424	15
中专	209	7.40	个体户	735	26
大专及以上	283	10.02	农机手	424	15

资料来源：根据《2015 年中国家庭农场发展报告》和杜志雄等的研究整理。

3.4　本章结论

　　家庭农场的生成是农户及各个契约主体对节约交易成本的内生需求和外部制度环境条件变化共同作用的结果。其中农户及各个契约关系人对经济利益的内在需求是主因，而主流思想观念的变革与政府的政策导向、要素禀赋条件和制度环境的变化是家庭农场生成的外在因素，外部环境条件的变化孕育加速了家庭农场制的生成与创新。降低家庭农场制生成的交易成本是该制度能否顺利实施的关键。我国家庭农场的发展尚处于摸索阶段，围绕家庭农场的制度环境仍不健全、农户及契约关系人在交易中的机会主义行为、农民对新制度的适应性成本等问题导致家庭农场生成的制度成本高昂。

　　保障离地农户获得稳定的非农就业和得地农民有较高的利润是家庭农场的生命力所在。农民非农就业及社会保障等相关制度的不完善，导致农地所承载的期望收益太多，农场经营者若要获得土地必须支付不低于农户对农地期望收益的地租量，再加上因规模扩大对农地、资本、技术等要素需求的增加，这使家庭农场制的运行面临较高的成本约束。从机会成本角度，农户从事家庭农场的最小规模收入应不低于家庭劳动力外出务工收入。

　　实践中，家庭农场的生成是农户从事和扩大农业规模经营的动态选择过程，如果能有效消解各种约束因素带来的成本问题，改善其生成的制度环境，则家庭农场的生成动力必将增强，反之，在这些不利环境下那些即使已在业的家庭农场，也有可能"退回"小农户，则家庭农场的生成动力必将减弱。

第四章　交易属性视角家庭农场
生成的规模经营选择

　　第 3 章阐释了我国家庭农场生成的内外动因及约束因素，指出农户及其他契约关系人对节约交易成本的努力是家庭农场生成的内在动因，而制度环境条件的变化等是引致家庭农场生成的外在动因，并通过均衡分析指出当农户的经营规模扩大到对交易成本的节约在边际上等于生产成本的增加时，家庭农场的规模就达到最优。但交易成本因素对从事家庭农场的经营选择影响有多大，则需要从实证层面进一步深入分析。本章结构如下：第一部分，问题提出，阐释研究的问题及视角；第二部分，研究假说的提出；第三部分，样本说明、变量选择与因子分析；第四部分，家庭农场生成的实证分析；第五部分，本章结论。

4.1　问题提出

　　由第 2 章关于家庭农场生成实证研究的综述发现，现有研究主要是从农户家庭特征、政策认知、职业化特征、非农产业转移、收入效应及村民关联角度设置衡量指标变量和构建理论模型，分析了农户参与家庭农场经营或扩大农业规模经营的意愿。本书与上述研究不同之处在于：运用新制度经济学的分析方法从交易属性维度构建影响家庭农场生成的指标变量体系；由于我国家庭农场提出与推广的时间比较短，赫雪姣（2014）、蔡颖萍等（2015）等的研究已表明农户对家庭农场的认知度仍较低，因此，本书借鉴张忠明等（2008）、陈彪等（2013）、凌莎（2014）及宋文等（2015）的做法，将农户是否愿意从事和扩大农业生产经营规模，作为考察家庭农场生成的响应变量，并构建 Logistic 模型进行验证。

4.2　研究假说

新制度经济学认为任何交易活动都存在交易成本。一般而言，为扩大经营规模，农场经营者需要通过收集土地流转信息、发现交易者、进行讨价还价、订立合约与执行合约等一系列交易活动，这些活动的实现都要耗费实际的资源，若实现这些交易的费用超过农户的预期，他就不会选择扩大农地规模；相反，若农户能以较低的交易成本实现对农场组织的有效治理，无疑会增加农户从事农业规模经营的动力。因此，作为一种新的匹配规模经营的制度形式是否有效，就需要看它能否最大限度地节省交易成本。威廉姆森（Williamson，1985）指出要研究如何节约交易成本，就需要考察制约交易双方如何相互影响的各种方式，就要看这些交易具有哪些属性。威廉姆森（Willamson，1979，1985）将交易属性分为资产专用性、不确定性和交易频率三个方面，并从该角度考察了企业在一体化过程中的交易成本问题。家庭农场的生成实际是农户动态匹配农地经营规模的选择，是在农地产权转移的基础上由众多小农户的农地横向合并为大农经营的过程。因此，本章借鉴威廉姆森对企业规模扩大过程中交易成本问题的分析，从资产专用性、交易频率和不确定性三个交易属性维度考察家庭农场生成过程中农户的规模经营选择决策，并利用调查数据通过Logistic 函数表达出来。

4.2.1　资产专用性

资产专用性是指为支撑某种具体交易而进行的耐久性投资。威廉姆森指出只有支撑交换的是双方各自投入干系重大的专用资产条件下，交换双方才能有效地进行互利交易（Willamson，1979b，1985）。专用性资产具有耐用性而且一经形成这种资产改作他用的机会成本就很低，若进行重新配置将得不偿失。一般而言，资产专用性越强，所要求与之匹配的经济组织规模就越大。依据威廉姆森（1985）对专用性资产的区分①，本研究把与家庭农场生成相关的专用性质资产分为四类：专用实物资产、专用人力资产、专用场地资产以及专用社会资产。

(1) 农户的实物资产专用性

对农业所进行的耐用性实物投资所形成的资产具有很强的专用性，比如投资兴建的农业灌溉设施、畜禽房舍、农业机械等，一旦投资形成后改作他用的机会很不经济。此外，由于农业生产的周期比较长，在农地上所进行的生产资料投资一旦投入进去在作物生长周期内就被锁定，当环境发生不利影响时（如发生某个契约当事人退出的威胁），由于农地用途的锁定或改变用途的不经济性，将极大影响投资人的经营。为了提高专用资产的利用率，农户会倾向于扩大经营规模以降低专用性资产的成本。相关研究证明：当前经营规模对农户的生产性投资有显著影响（杨美丽等，2007）；刘荣茂等（2006）、李孔岳（2009）的研究证明农户的专用实物固定资产越多，农业规模化经营的水平就越高。

假说1：农业实物资产专用性程度越高的农户，越倾向于选择扩大农地经营规模。

(2) 农户的人力资产专用性

当农户选择进入农业大规模的专业化生产经营以后，他必须投入长期学习以匹配专业化规模经营所需的实践经验和技能，而一旦他面临经营失败的冲击，这方面专业知识和经验又会成为阻碍他发展的路径依赖的根源（罗必良，2009a）。因此，农户的人力资产专用性越强，且这种人力资产的拥有量越大，那么企业的规模倾向于扩大，以达到对专用性人力资产这种稀缺资源的规模利用，或者说可避免部分专用性人力资产在使用上的闲置。

假说2：农户农业人力资产专用性越高的农户，扩大农地经营规模的可能性越大。

(3) 农户的场地资产专用性

农户的场地资产专用性可以表达为与农业生产紧密相关的地理位置、

---

① 威廉姆森（1985）在《资本主义经济制度》一书中指出资产具有不同的专用性，企业也有多种多样的组织形式。他认为资产专用性至少可划分为四类：专用场地、专用实物资产、专用人力资产及特定用途资产。

气候条件、土壤肥力、村庄环境等多个方面（胡新艳等，2015）。动植物的生长受水、土、光及时间等条件的严格约束，具有空间不可移动性和生产周期性等特点，这种对时空条件的依赖就表明场地对农产品生产具有专用性。农地的经济价值是有界的，一旦超出它的范围，其经济价值将大幅减少甚至消失，如在缺水的旱地上种植水稻将得不偿失。因此，场地资产的状况会对农户的经营选择产生重要影响。

假说 3：农户的场地资产条件越好，越有利于其做出扩大农地经营规模的选择。

（4）农户的社会资产专用性

农户的生活具有群体集聚性与居住空间的相对固定性，因此农地流转在很大程度上呈现出典型的乡土村庄特性。一方面，村庄内拥有更多话语权的农户（如村干部户、强人户、大姓家族户等），比普通农户拥有更多社会资产，他们更容易运用这些资产去影响其他农户；另一方面，农户长期生活在农村社区，在社区内形成了广泛的关系网络，乡土熟人社会所形成的习俗、惯例及人情往来，将有助于农场户获得帮助，降低契约缔结与执行的成本，缓解经营的困境。而这些专用性资产是外来户必须通过长期投入才能获取的。李永安等（2014）的研究发现，家庭农场的规模取决于家庭农场交往过程中，农场主的社交网络广度、深度和质量的大小。

假说 4：农户在场域内的社会关系资产专用性越强，越会促进农户选择扩大农地经营规模。

4.2.2　交易中的不确定性

在家庭农场生成所涉及的交易中，农地产权转让交易的契约期限内，可能会发生很多影响交易双方权利和义务的事件，从而制约契约的有效执行。要想让家庭或小规模的合作农场经营下去，就必须明确农场经营者耕种农田的条件，把人为的不确定性减少到最低程度（D. Gale Johnson，1993b）。从不确定性的来源看，除去随机事件的影响，交易中的不确定性主要来源于信息的不对称。由于农户的理性（认知能力）有限、制度环境的变化和个体农户的投机行为，使得一方当事人在做出决策时难以了解其他人同时也做的决策。那些有志于扩大种养规模的农户将不得不花费大量的时间和费用去搜寻与掌握发展所需的信息，以减少和规避经营中的不确定性因素。

假说5：不确定性越多对农户扩大经营规模产生的不利影响就越大。

4.2.3 交易频率

交易频率主要是指在家庭农场生成过程中农地流转交易的次数、农地地权纠纷次数、合同期限的长短。农业生产者为了扩大生产规模，需要与多个农户进行土地要素的交易，参与交易的农户越多所发生的缔约谈判、执行等费用就越高。相关研究证明，由于我国农地要素流转市场发育滞后，价格机制难以发挥作用，发现交易伙伴、维持长期合同关系的成本极高，而口头契约、短期契约的经常性变更不利于农场经营者形成持续经营的预期（叶剑平等，2006；洪名勇和王晓娟，2009；钟文晶和罗必良，2014a）。

假说6：交易频率越大对于农户扩大经营规模难度就越大。

4.3 样本说明、变量选择与因子分析

4.3.1 样本说明

本章所用数据均来自于河南省的调查数据。在数据处理上，将调研的样本全部纳入分析，共计295户，其中包括22个经营规模较小的农户、148个未注册家庭农场户和125个已注册登记的家庭农场户。在性质上，它们都属于家庭经营，本章仍将其统称为农户。

4.3.2 测度指标变量选择、定义及预期影响

（1）资产专用性

资产专用性由反映农户资产状态的四类17项指标衡量。①人力资产专用性。分别用家庭常年务农人口、户主年龄、户主文化程度、户主务农

兴趣、户主农业技能 5 个观察项衡量，这些变量表达出了农户从事农业经营相关的专用知识、经验、技能与努力程度，这些资产一经形成将使农户选择其他职业面临比较高的机会成本。②实物资产专用性。用家庭购买的专门用于农业生产的农机设备、投资兴建的农业设施及当前种养规模 3 个观察项衡量，这些资产有很强的专用性，投入后将变成"沉没成本"，为使这些实物资产能充分发挥效能，农户会尽力扩大生产规模以使他们的利用率达到最大化。③场地资产专用性。用村庄距离县城的距离、村庄道路状况、农业水利设施状况及村庄治安 4 个观察项衡量，这些指标反应了农业生产的物质条件和人文条件。对于每一个农业生产者而言其生产经营活动离不开农村社区，地理位置、交通状况及村庄治安环境对农户从事农业规模经营的意愿必将产生重要的影响。如在偷盗频发、恶势力存在的村庄，当农户对其生产成果安全无法保障时，对于扩大规模的投入积极性势必会严重削弱。因此，优越的场地资产条件将有利于农户作出从事农业规模经营的选择。④社会资产专用性。用农户在本地的关系资源反映，具体选用亲戚中村干部人数、本村中有血缘关系户、亲朋在政府部门任职人数、常来常往亲朋数 4 个观察项衡量。这些资产有助于农户获得帮助，增强在农地交易中的谈判能力。而一旦农户离开了当地，那么附着在其身上的这些长期形成的社会资产就不能很好地被利用。

（2）交易中的不确定性

随机因素导致的不确定性是不可预知的，在模型中把这部分因素归入扰动项。本研究集中考察由于信息闭塞、政府政策等因素所导致的不确定性。①农户认知能力有限引起的不确定性。用每年电话费用、每年订阅报纸杂志费、年互联网费用 3 个观察项反映。这些变量比较客观地反映了农户获取信息的能力，而农户获取的信息越充分，对未来的经营预期就越明确。②政策不确定性。用承包期限内地权调整的次数、承包期内地权纠纷发生的次数和家庭年医疗费用支出 3 个观察项反映。农户对政府的政策越清楚、产权界定越清晰越有利于形成稳定的经营预期；医疗费用反映出国家的医疗保障政策及家庭成员的健康状况，家庭所承担的这些费用过高会制约农户的投资行为。

（3）交易频率

用农户扩大经营规模所涉及参与农地流转交易的农户数、农地租赁的期限 2 个观察项来反映。参与农户的个数越多达成一致意见的困难性就越大，增加农场经营者的费用支出，则制约农户的决策选择；合同期限越短则需重新谈判的次数就越多，对农场户的长期投资特别是资产专用性高的项目将会产生抑制作用，不利于经营规模的扩大。

为了使本项研究更全面，还引入了 5 个控制变量：①农地流转是否有中介服务（赋值：有＝1，无＝0）。如有中介提供服务，可以减少农场经营者获取信息与小农户逐个谈判的费用，有利于经营规模的扩大。②是否获得正式信贷（赋值：有＝1，无＝0），投资农场需要大量的资金，农户的自有资金往往有限，若农户能从银行获得贷款，无疑会促进农户扩大再生产。③当前经营收益（用农户年农业经营净收益衡量）。一般而言，农户从事农业生产获得的利润越多，选择扩大规模的意愿就越强。④村委会的作用（根据户主的感觉 1～5 级评分）。村委会对于村庄经济、文化、安全等建设具有重要的作用，其职能发挥地越充分，对于从事农业的生产经营者越有利。⑤农户的当前经营类型（种植为主＝1，养殖为主＝2，种养结合＝3，在模型中作为哑变量处理）。不同的经营类型会使农户的经营选择存在差异，通过控制分别考察在有无这些因素下对农户决策的影响。

表 4-1　影响家庭农场生成的指标变量、定义及预期

类别	变量	变量赋值	预期
1. 人力资产专用性	家庭常年务农人口	常年务农人口数	＋
	户主务农年限	实际值	＋
	户主年龄	实际值	？
	户主文化程度	专科及以上＝4，高中＝3，初中＝2，小学及以下＝1	？
	户主务农热情	非常愿意＝5，比较愿意＝4，一般＝3，不愿意＝2，很不愿意＝1	＋
	户主农用技能	拥有的农业技能培训合格证数	＋
2. 实物资产专用性	农业机械	农业生产性机械的价值	＋
	当前的种养规模	根据种植面积及项目、养殖品种及数量折算成统一的标准后评分	＋
	农业生产设施	实际投入	＋

（续）

类别	变量	变量赋值	预期
3. 场地资产专用性	距离县城的距离	5km 以内＝1，5～9km＝2，10～14km＝3，15～19km＝4，20km 及以上＝5	－
	农业水利设施状况	非常好＝5，较好＝4，一般＝3，不太好＝2，很差＝1	＋
	村庄道路状况	非常好＝5，较好＝4，一般＝3，较差＝2，很差＝1	＋
	村庄治安	非常好＝5，较好＝4，一般＝3，较差＝2，很差＝1	＋
4. 社会资产专用性	亲戚中村干部数	实际人数	＋
	血缘关系户数	本村中有血缘关系的户数	＋
	亲朋政府部门任职	实际人数	＋
	常来常往的亲朋数	5 户以下＝1，5～9 户＝2，10～14 户＝3，15～19 户＝4，20 户以上＝5	＋
5. 交易频率	交易农户个数	实际数	－
	农地合同期限	实际年限	＋
6. 不确定性	承包期内地权调整次数	实际数	－
	承包期内地权纠纷次数	实际数	－
	年医疗费用/年	金额	－
	报刊费/年	金额	＋
	电话费/年	金额	＋
	上网费/年	金额	＋

4.3.3　样本特征描述

（1）受访户农用人力资产状况

农户农用人力资产状况包括样本农户家庭常年务农人口以及户主学历、年龄、务农意愿和务农技能等。统计表明（表 4-2），农户户均务农人口为 2.68 人，其中常年从务农 2～3 人的农户比较多，占 58.31％，其次为 4～5 人，占 24.41％，而 1 人及以下的也有 15.25％；户主从事种养年限比较长，从事农业超过 10 年的户主占 51.19％，平均达 11.57 年；

户主平均年龄比较大，约 45.5 岁，30 岁以下年轻农民从事农业的仅占 2.71％，而 40 岁以上的中老年农民务农人数最多，占到 82.03％；从样本学历构成来看，从事务农农民的文化程度普遍较低，初中及以下学历的占到了 72.55％；28.14％的户主未受过任何农业技能学习培训，而 71.86％的户主参加过农业技能培训，并拥有农业技术培训结业证书；从务农意愿来看，68.48％的农民呈现比较强烈的务农意愿。

表 4-2　受访户农用人力资产情况

项目	组别	样本数（人）	比重（％）	项目	组别	样本数（人）	比重（％）
务农人口	0～1 人	45	15.25	户主学历	小学以下	52	17.63
	2～3 人	172	58.31		初中	162	54.92
	4～5 人	72	24.41		高中及专科	77	26.10
	6 人及以上	6	2.03		本科及以上	4	1.36
户主年龄	30 岁以下	8	2.71	户主农用技能	0 项	83	28.14
	30～39 岁	45	15.25		1 项	126	42.71
	40～49 岁	162	54.92		2 项	60	20.34
	50～59 岁	65	22.03		3 项及以上	25	8.47
	60 岁及以上	15	5.08	户主务农意愿	非常愿意	103	34.92
务农年限	10 年以下	144	48.81		比较愿意	99	33.56
	10～19 年	78	26.44		一般	72	24.41
	20～29 年	49	16.61		不愿意	10	3.39
	30 年及以上	24	8.14		很不愿意	8	2.71

资料来源：农户调查数据整理所得。

(2) 受访户农用实物资产状况

本文所调查的农户农用机械主要包括耕作机械、农用灌溉机械、农作物收割机械、田间管理机械、林果业机械、畜牧养殖机械、渔业机械、农副产品加工机械及农用运输机械等；农业生产性设施主要指普通大棚、日光温室大棚、管道设施、畜禽房舍、沼气池、仓库等。根据经营面积分组统计显示（表 4-3），经营面积在 40 亩以下的样本有 187 户，占样本的 63.34％，其他农户的经营面积都在 40 亩以上，且有 6 户超过 1 000 亩，最高达 3 000 亩；从户均拥有的农机数量及农用设施看，经营面积在 100 亩以下的农户户均拥有农机数量和农用设施较多；但从价值指标看，

1 000亩以上的农户农机价值和农业设施投入户均分别达 21.12 万元和 27 万元，远高于其他组别，说明大农户倾向于购买功能与作业量更大的农机设备和建设大型的、技术含量更高的农业设施。

从经营项目来看，与其他组别相比，种植面积在 20 亩以下的 99 个样本中从事粮食种植的比例最低，仅占 19.19%，从事种养结合或规模养殖项目的比例达到 80.71%；而经营面积在 200 亩以上的组别中从事粮食种植的比例平均超过 80%。说明规模较小的农户，更注重节约土地，倾向于选择经营瓜果蔬菜和养殖项目等，以最大化土地的收益，而规模大的农户更注重节约劳动力选择容易机械化的粮食作物。

为便于统一比较，本研究将不同类农户的经营项目折算后转化为无量纲的变量，以测度农户当前的种养规模。根据经营项目的平均可能产值进行折算，各项目分值：粮食种植项目＝面积/10、瓜果蔬菜项目＝面积/5、家禽养殖＝养殖数量/1 000、猪羊项目＝养殖数量/10、牛驴项目＝实有头数），统计显示，户均经营规模分值达 24.69，最高达 501。

表 4-3　按经营面积分组户均实物资产及种粮比

组别	按经营面积分组（亩）	样本数（户）	比重（%）	农机数量（台）	农机价值（万元）	农业设施（项）	设施投入（万元）	种粮比重（%）
1	20 以下	99	33.56	6.5	3.59	1.87	2.21	19.19
2	20～39	88	29.83	5.2	6.21	1.70	1.93	55.68
3	40～59	45	15.25	6.0	6.68	1.51	1.89	71.11
4	60～79	10	3.39	10.1	3.88	1.20	1.57	70.00
5	80～99	6	2.03	7.7	2.49	1.67	0.55	33.33
6	100～199	22	7.46	4.5	8.98	1.50	4.30	54.55
7	200～299	5	1.69	15.87	15.87	1.00	2.70	80.00
8	300～399	5	1.69	3.8	5.89	1.60	1.70	100.00
9	400～499	5	1.69	5.2	5.43	1.20	2.70	80.00
10	500～999	4	1.36%	3.0	9.34	0.25	8.33	100.00
11	1 000 及以上	6	2.03	3.5	21.12	1.00	27.00	83.33

资料来源：农户调查数据整理所得。

(3) 受访户场地资产和关系资产状况

场地资产指农户从事农业生产经营活动所具备的物质环境基础条件等，关系资产指农户的人脉关系等软环境条件等。从场地资产状况看（表

4-4)，农户家庭距离县城的距离分布比较分散，1公里以内的户数相对较少，占13.56%，超过10公里的样本居多，占65.08%；农业水利设施状况比较差，达到优良的比例只有24.07%，农户反映农业水利设施状况一般和差的比例达到了75.93%；村庄道路总体上较差，反映不太好和很差的比例达到了59.32%，而评价道路交通状况优良的比例仅有7.12%；同样，村庄的治安环境也比较差，不太好和很差的比例高达71.52%，而优良的状况仅有5.77%。从农户所拥有的社会关系资产来看，65.76%和77.63%的农户中没有亲戚朋友任村干部和政府部门公职，只有少数农户拥有这一资源；68.14%的农户在本村中属小户族，宗族势力影响有限，但也有6.10%的农户属于较大家族，其中有的高达400户；多数农户经常往来的亲朋数在5户以上，且10户以上的占到了53.89%。

表4-4 受访农户场地及关系资产状况

场地资产项目	组别	频数（户）	比重（%）	关系资产项目	组别	频数（户）	比重（%）
距离县城距离	5公里以内	40	13.56	亲戚中村干部人数	0人	194	65.76
	5～9公里	63	21.36		1人	61	20.68
	10～14公里	64	21.69		2人	31	10.51
	15～19公里	58	19.66		3人	6	2.03
	20公里以上	70	23.73		4人以上	3	1.02
农业水利设施状况	非常好	22	7.46	亲朋政府部门任职	0人	229	77.63
	较好	49	16.61		1人	37	12.54
	一般	125	42.37		2人	13	4.41
	不太好	87	29.49		3人	6	2.03
	很差	12	4.07		4人以上	10	3.39
村庄道路	非常好	10	3.39	本村有血缘关系户	10户以内	201	68.14
	较好	11	3.73		10～19户	54	18.31
	一般	99	33.56		20～29户	17	5.76
	不太好	118	40.00		30～39户	5	1.69
	很差	57	19.32		40户以上	18	6.10
村庄治安	非常好	4	1.36	经常往来亲朋户数	5家以下	26	8.81
	较好	13	4.41		5～9家	110	37.29
	一般	67	22.71		10～14家	74	25.08
	不太好	136	46.10		15～19家	49	16.61
	很差	75	25.42		20家以上	36	12.20

资料来源：农户调查数据整理所得。

(4) 受访农户农地流转交易频率及不确定性因素

由表 4-5 可知，样本中有 53 户没有参与农地流转，本研究将与这些户相关的农地流转期限和农地流转交易户数两个指标赋值为 0，而其余的 242 个样本平均农地流转期限为 6.95 年，达到 8 年以上的仅占参与流转户的 34.71%；交易平均涉及 19 个农地转出户，其中涉及交易 11 户以上的农户有 55 个，占参与流转户的 22.72%，77.28% 的受访农户的交易个数在 10 个以下。在第二轮农地承包期内有 82.4% 的受访户经历了承包权调整，且承包权调整超过 3 次的农户占到了 34.58%；约有 55.25% 的受访户与其他农户发生过地权纠纷，其中地权纠纷次数超过 3 次的比例达 18.98%；说明第二轮承包期以来农户的承包权仍不稳定。从每年所花费的医疗支出看，受访户年均医疗费为 3 700 元，其中有 37.97% 的农户支出超过 2 000 元，最高甚至达到 8 万元；受访户年均电话和上网费用支出分别为 1 700 元和 700 元，其中年电话费用在 2 000 元以下占到 83.39%，但也有 2.03% 的农户年电话费用支出超过了 5 000 元。此外，89.83% 的受访户年上网费用在 1 000 元以下，65.1% 的受访户订阅报刊的费用未超过 100 元。

表 4-5　受访农户农地交易频率及不确定性因素情况

项目	组别	频数（户）	比重（%）	项目	组别	频数（户）	比重（%）
农地流转期限	0 年	53	17.97	承包权调整	0 次	52	17.63
	1~3 年	94	31.86		1~2 次	141	47.80
	4~7 年	64	21.69		3~4 次	60	20.34
	8~10 年	51	17.29		5~6 次	32	10.85
	11 年及以上	33	11.19		7 次以上	10	3.39
地权交易户数	0 户	53	17.97	地权纠纷	132	44.75
	1~10 户	187	63.39		1~2 次	107	36.27
	11~20 户	22	7.46		3~4 次	39	13.22
	21~30 户	7	2.37		5~6 次	10	3.39
	31~40 户	4	1.36		7 次以上	7	2.37
	41 户以上	22	7.46				

（续）

项目	组别	频数（户）	比重（%）	项目	组别	频数（户）	比重（%）
年医疗费用	1 000 元及以下	116	39.32	年电话费用	1 000 元及以下	145	49.15
	1 001～2 000 元	67	22.71		1 001～2 000 元	101	34.24
	2 001～3 000 元	26	8.81		200～3 000 元	26	8.81
	3 001～4 000 元	12	4.07		3 001～4 000 元	8	2.71
	4 001～5 000 元	30	10.17		4 001～5 000 元	9	3.05
	5 001 元及以上	44	14.92		5 001 元及以上	6	2.03
年报纸杂志费	0 元	54	18.31	年上网费用	500 元以下	102	34.58
	1～20 元	32	10.85		501～1 000 元	163	55.25
	21～50 元	49	16.61		1 001～1 500 元	18	6.10
	51～100 元	57	19.32		1 501～2 000 元	10	3.39
	101 元及以上	103	34.92		2 001 元以上	2	0.68

资料来源：农户调查数据整理所得。

（5）模型中其他变量的统计特征

从经营类型和经营收益来看，受访户中以种植业为主的有 176 户，占到 59.67%；以养殖业为主的有 37 户，占 12.54%；以种养结合为主的有 82 户，占 27.8%。受访户户均年经营净收益（总收入扣除生产成本、租金及雇工费用后的净额，总收入中不包括非农收益及各种农业补贴）为 13.94 万元，其中处于亏损或盈亏平衡的农户有 31 家，占样本户的 10.51%，从事养殖业的农户户均利润最高达 30.11 万元，其次为种养结合户，为 13.73 万元，而从事种植业的户均收益最低，为 10.64 万元。

此外，受访农户在农地流转中有 118 户（40%）得到村委会、乡镇政府、专业合作社等中介机构提供的服务；98 户（33%）得到信用社、村镇银行等金融机构的贷款支持；89.8% 的受访户认为村委会的作用有限，且有 14.6% 的受访户认为村委会根本没啥作用。

4.3.4　因子分析

（1）因子分析适当性检验

本研究首先选择了 25 个观察项进行衡量，其中反映实物资产专用性的 3 项、人力资本专用性的 6 项、场地资产专用性的 4 项、社会资产专用性的 4 项、交易频率的 2 项、不确定性的 6 项。对 25 个观察项进行多次试算后,剔除了家庭务农人口、村庄距离县城的距离、医疗费用、报刊费及交易频率的 2 个指标变量后,其余 19 个变量的 KMO 值为 0.677,Bartlett 球形度检验值为 667.878,而且其相伴概率为 0,各项指标适合进行因子分析(表 4-6)。

表 4-6　所选指标变量的因子适当性检验

检验类别	参数名称	参数值
KMO 抽样适当性检验	KMO 参数	0.677
Bartlett 球形度检验	卡方值	667.878
相伴概率	Sig.	0.000

(2) 主因子提取

根据原有变量相关系数矩阵,采用主成分分析法提取因子并选取大于 1 的特征值,由图 4-1 可以看出,第 7 个因子以后的特征值都小于 1,对原有解释变量的贡献很小,因此提取 7 个主因子,然后采用方差极大法(Varimax)正交旋转方式对载荷矩阵进行旋转,以使因子具有命名解释性。

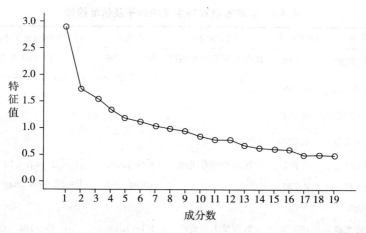

图 4-1　因子分析碎石图

按照主因子方差贡献率的大小依次重新命名为:①社会关系资产专用

性，包括亲朋在政府部门任职人数、亲戚中担任本村干部人数、本村具有血缘关系的户数及常来常往的亲朋数量 4 个测度指标。②场地资产专用性，包括村庄道路、农业水利状况及村庄治安状况 3 个测度指标。③教育型人力资产专用性，包括务农兴趣、农业技能水平和受教育程度 3 个测度指标。④实物资产专用性，包括现有种养规模、农用机械设备、农业生产性设施 3 个测度指标。⑤经验型人力资产专用性，包括户主年龄与从事种养年限 2 个测度指标。⑥政策不确定性，包括承包制以来农地承包权调整次数和地权纠纷发生次数 2 个测度指标。⑦信息不确定性。包括年均电话费用和年均上网费用 2 个测度指标。这 7 个因子的方差累积贡献率为 58.947%，其中社会关系资产专用性的解释力最强，信息不确定性解释力最弱。鉴于各个观察项的取值方法不统一（既有定序分类数据按程度打分，又有数值型数据按实际赋值），借鉴李孔岳（2009）、罗必良和李尚蒲（2010）的做法，采取豪特森 T^2 重复度量方差分析和伴随概率对因子进行信度检验。一般而言，T^2 值和 F 值越大，相伴概率越小，主因子代表的效果就越好。检验结果（表 4-7）表明，7 个因子的信度依次为：状态型人力资本专用性、实物资产专用性、教育型人力资本专用性、社会关系资产专用性、信息不确定性及政策不确定性。总体而言变量的设计和结果具有一致性和可信性。

表 4-7　影响家庭农场生成的因子及信度检验

观察项	因子载荷	因子命名	特征值	Hotelling T^2 检验
亲朋政府任职	0.748	社会关系资产专用性	R1=2.796	T^2=99.355
亲戚村干部人数	0.688		(15.532%)	F=327.873，Sig=0.000
村中血缘户数	0.684			
经常来往亲朋	0.523			
村庄道路	0.757	场地资产专用性	R2=1.709	T^2=186.514
农业水利	0.730		(9.494%)	F=92.940，Sig=0.000
村庄治安	0.543			
户主务农兴趣	0.721	教育型人力资产	R3=1.490	T^2=186.514
户主农用技能	0.721	专用性	(8.279%)	F=92.940，Sig=0.000
户主文化程度	0.577			

（续）

观察项	因子载荷	因子命名	特征值	Hotelling T² 检验
农业生产设施	0.771	实物资产专用性	R4＝1.282	T²＝94.845
现有规模	0.636		（7.124％）	F＝47.261，Sig＝0.000
农业机械	0.505			
户主年龄	0.817	经验型人力资产	R5＝1.127	T²＝3340.95
户主务农年限	0.588	专用性	（6.260％）	F＝3340.95，Sig＝0.00
地权纠纷	0.696	政策不确定性	R6＝1.103	T²＝33.192
承包权调整	0.590		（6.129％）	F＝33.192，Sig＝0.00
上网费	0.781	信息不确定性	R7＝1.014	T²＝58.029
电话费	0.566		（5.633％）	F＝58.029，Sig＝0.000

4.4　影响家庭农场生成的实证检验

4.4.1　资产专用性及不确定的影响因素分析

在研究资产专用性和不确定性对农户规模经营选择影响之前，有必要考察本研究设定的 5 个控制变量对资产专用性和不确定性的影响，通过对 295 个有效样本进行多元线性回归计量分析，结果见表 4-8。

表 4-8　影响资产专用性和不确定性的因素分析

自变量	模型 2：场地资产专用性	模型 3：教育型人力资产专用性	模型 4：实物资产专用性	模型 5：经验型人力资产专用性	模型 6：政策不确定性
截距项	−1.297***	−0.327*	−0.190*	0.110	−0.097
	（−8.177）	（−1.846）	（−1.208）	（0.631）	（−0.563）
中介服务	0.080	0.365***	0.196	−0.382***	0.388***
	（0.739）	（3.034）	（1.837）	（−3.224）	（3.317）
年净收益	−0.003	0.003	0.017***	−0.007***	0.004
	（−1.389）	（1.071）	（7.694）	（−2.965）	（1.505）
是否贷款	0.275***	0.016	0.037	0.275**	0.453***
	（2.482）	（0.131）	（0.339）	（2.262）	（3.772）

（续）

自变量	模型 2：场地资产专用性	模型 3：教育型人力资产专用性	模型 4：实物资产专用性	模型 5：经验型人力资产专用性	模型 6：政策不确定性
村委会作用	0.440***	0.038	0.061	−0.010	−0.120**
	(8.201)	(0.640)	(1.140)	(−0.177)	(−2.061)
经营类型 1	0.153	0.065	−0.383***	0.084	0.099
	(1.414)	(0.540)	(−3.567)	(0.708)	(0.843)
经营类型 2	−0.050	0.539	−0.456	0.567	−0.558
	(−0.107)	(1.040)	(−0.990)	(1.113)	(−1.107)
调整后的 R^2	0.221	0.031	0.234	0.062	0.082
F 检验值	14.905***	2.591**	15.966***	4.228***	5.384***

注：* 、**、***分别代表在 10%、5%、1% 的置信水平上显著；括号中的数据为相应系数的 t 统计量。

模型 1（社会关系资产专用性）和模型 7（信息不确定性）受控制变量的影响有限，模型的整体线性 F 检验和各个变量的 t 检验都不显著，故不在表中列出。

模型 2：场地资产专用性与是否获得正式信贷、村委会作用的关系显著为正，说明农村基层集体经济组织对于修建、维护农业水利设施、村庄道路及保障农村社会治安具有重要的作用；而能获得正式金融贷款可以有效缓解农户的资金短缺，促进农户投资兴建农业水利设施等场地资产。其他变量未通过 10% 的显著性检验。

模型 3：教育型人力资本专用性与是否有中介机构服务之间关系显著，说明各种中介机构（村委会、政府部门、专业合作社、农地流转服务机构等）为农户提供的信息、技术等服务有助于提高农民的务农兴趣和农艺技能。其他变量未通过 10% 的显著性检验。

模型 4：农业经营净收益对实物资产专用性的影响呈显著正相关，证明经营收益的增加将促进农户投资兴建实物资产；经营类型 1（种植为主户）对实物资产专用性影响显著为负，说明以种植为主的农户投资形成的农业专用实物资产相对较少。其他变量未通过 10% 的显著性检验。

模型 5：中介机构服务、年经营净收益及能否获得贷款都对经验型人力资本的影响呈较显著的负相关，这也反映出农地流转中介机构、金融机构更愿意服务年轻头脑灵活的青年农民。其他变量未通过10％的显著性检验。

模型 6：按照 t 统计量的大小进行排序，是否贷款、中介服务、村委会作用对政策不确定性的影响显著。其中是否获得贷款与中介服务反而会使农户面临的政策不确定性增加，说明这两个因素可能会加剧地权制度调整及地权纠纷的发生；而村委会在减少农户面临的政策不确定性方面具有积极的作用。其他变量未通过10％的显著性检验。

4.4.2　家庭农场生成的 Logistic 回归分析

按照上述假说及因子分析的结果，运用 Logistic 响应函数进一步分析资产专用性、交易频率和不确定性可能会对农户规模经营选择产生的影响。由于资产专用性和不确定性受到中介服务、是否贷款、村委会作用等 5 个因素的影响，因而在解释资产专用性和不确定性对家庭农场生成选择影响时，将其作为控制变量引入模型。

（1）Logistic 响应函数

本章主要考察的是农户扩大农业规模经营意愿选择及影响因素。因变量是二元分类变量，结合本章研究的内容及数据资料，所以选用 Logistic 响应函数来表示 7 个主因子及 5 个控制变量对农户扩大经营规模的影响。

设因变量为 y，如果农户有意扩大农业经营规模，则 $y=1$，若农户不愿意扩大农业经营规模，则 $y=0$；影响 y 的 m 个自变量分别记为 x_1，x_2，$\cdots$，x_m。设农户 i 选择扩大农业经营规模的概率为 P_i，$1-P_i$ 则表示农户 i 不愿意选择扩大农业经营规模的概率，它们均是由自变量向量 X 构成的非线性函数：

$$P_i = F(y) = F(\beta_0 + \sum_{j=1}^{m} \beta_j x_j) = \frac{1}{1 + exp(-\beta_0 + \sum_{j=1}^{m} \beta_j x_j)}$$

(4-1)

对 $P_i/(1-P_i)$ 进行对数变换，得到以发生比表示的线性 Logit 模型：

$$\ln(\frac{P_i}{1-P_i}) = \beta_0 + \sum_{j=1}^{m} \beta_j x_j + \varepsilon$$ 　　(4-2)

式（4-1）和式（4-2）中，β_0 为常数项，m 为自变量的个数，β_j 为自变量的系数，反映了解释变量影响农户农业经营规模选择的方向与程度。ε 为随机误差项。

（2）回归结果

回归方法：为了消除变量间的自相关，研究采用 Baron 和 Kenny（1986）的建议，分步构建资产专用性、不确定性与控制变量的计量模型，以测度对 295 个样本农户规模经营选择的影响：第一步，将场地资产专用性、实物资产专用性和控制变量引入模型，得到模型 A；第二步，将社会关系资产专用性、教育型人力资本专用性、状态型人力资本专用性和控制变量引入模型，得到模型 B；第三步，将政策不确定性、信息不确定性和控制变量引入模型，得到模型 C；第四步，由于因子分析中交易频率 2 个观察项通过因子载荷旋转后未能聚类，反映出这两个观察项之间相关性很弱，为此，本研究单独把交易频率 2 个观察项与控制量一起引入模型，得到模型 D。第五步，将资产专用性的 5 类、不确定性 2 类、交易频率的 2 个观察项和 5 个控制量都引入模型，得到总模型 E。五个模型的检验结果基本支持了前文提出的六个假说。回归结果表明（表 4-9）：

第一，模型 A 的检验结果有力地支持了假说 3，但在 10％的显著水平上拒绝了假说 1。在各个解释变量中，场地资产专用性对农户扩大农业经营规模的选择有显著影响，说明良好的农业水利设施、村庄道路及社会环境对农户的生产经营起到了积极的促进作用；尽管实物资产专用性未通过显著性检验，但影响方向与预期一致。此外控制变量中的中介服务与农业经营净收益都对农户的规模经营意愿有显著的促进作用，且与预期一致。

第二，模型 B 的检验结果证实了假说 4 及假说 2，且模型 B 的拟合优度达到了 69.1％，远高于模型 A、C 和 D。这表明社会关系资产专用性对农户的农业规模经营选择影响最显著。在农村熟人社会中农户更容易获得亲戚朋友等的支持，以缓解农业生产及家庭生活中遇到的困难。通过因子分析对人力资本专用性的测度指标分解为教育型人力资本专用性和经验型人力资本专用性，检验结果表明两类人力资本对于农户的农业规模经营选择影响显著但方向相反，教育人力资本专用性对农户扩大农业经营规模有显著的促进作用，而经验人力资本专用性的影响相反，反映了从事农业种养年限越长和年龄越大的农民反而更保守，新型农业经营主体趋向于年轻化。此外，检验结果也证实村委会的作用对农户农业规模经营选择具有积极的影响；而与种养结合户相比，以种植为主的农户愿意扩大农业经营规模的意愿相对较低，这实际反映出了种粮不赚钱对于农民从业的负面影响。

表 4-9　影响家庭农场生成的 Logistic 回归结果

	模型 A	模型 B	模型 C	模型 D	模型 E
常量	0.693	1.473*	−0.436	−0.891*	2.237**
	(1.657)	(3.728)	(0.875)	(3.209)	(5.179)
中介服务	0.719**	−0.024	0.790**	0.377	−0.001
	(5.044)	(0.002)	(6.351)	(1.247)	(0.000)
年净收益	0.040**	0.019	0.035**	0.030*	0.027
	(5.429)	(1.549)	(5.606)	(3.563)	(2.666)
是否贷款	−0.111	0.071	0.249	0.122	−0.390
	(0.114)	(0.025)	(0.601)	(0.138)	(0.488)
村委会作用	0.112	0.496**	0.437***	0.492***	0.141
	(0.403)	(3.870)	(7.056)	(8.390)	(0.212)
经营类型（1）	−0.432	−0.808*	−0.327	−0.539	−0.889
	(1.405)	(2.751)	(0.980)	(2.370)	(2.310)
经营类型（2）	0.397	1.222	0.310	0.783	1.118
	(0.407)	(2.329)	(0.280)	(1.719)	(1.394)
实物资产专用性	0.384				0.755
	(2.217)				(2.542)
场地资产专用性	0.785***				1.320***
	(17.841)				(15.102)
社会资产专用性		1.445***			0.783*
		(13.866)			(3.536)
经验人力资本专用性		−0.478**			−0.480*
		(4.149)			(3.034)
教育人力资本专用性		3.392***			3.313***
		(52.199)			(45.307)

（续）

	模型 A	模型 B	模型 C	模型 D	模型 E
政策不确定性			−0.211		−0.233
			(1.828)		(0.786)
信息不确定性			0.115		0.098
			(0.663)		(0.059)
交易户数				−0.001	−0.014**
				(0.839)	(5.618)
合同期限				0.147***	0.126**
				(13.108)	(4.573)
−2 倍对数似然值	282.833	151.680	302.533	283.518	122.982
Nagelkerke R^2	0.260	0.691	0.177	0.256	0.762

注：* 、**、***分别代表在 10% 、5% 、1% 的置信水平上显著；括号中的数据为相应系数的 wald 统计量。

第三，模型 C 的检验结果拒绝了假说 5，说明不确定性因素对农户农业规模经营选择影响不显著。而中介服务、年净收益及村委会作用等变量具有较为显著积极影响，且与预期一致。

第四，模型 D 的结果验证了假说 6，即交易频率越少越有利于农户扩大农业经营规模，其中农地合同期限对响应变量具有显著正影响，说明农地流转合同期限越长，农户越愿意进行长期投资扩大生产规模；尽管交易户数未通过显著性检验但影响方向与预期一致。控制变量的影响与模型 C 基本一致，但显著性有所减弱。

第五，模型 E 的检验结果与上述 4 个模型的结论基本一致，且交易频率的两个变量都通过了显著性检验，有力的验证了假说 6；但控制变量中原来通过检验的变量在模型 E 中都未通过显著性检验，说明变量间存在一定的自相关性。此外，在这五个模型中，是否贷款、经营类型 2（养殖为主）等解释变量对因变量的影响都不显著。

4.5 本章结论

本研究将家庭农场的生成视为农户扩大农地经营规模的过程，并从交易属性的三个维度提出了假说，设计了测度指标变量，针对农户的规模经营意愿选择进行了深入的研究。通过因子分析提取并命名了7个主因子，但交易频率的2个测度指标经过因子载荷旋转后无法收敛归为一类，本研究单独将其纳入模型考察。研究首先考察了5个控制变量对资产专用性和不确定性7个因子的影响，然后采用分步建模的思想，通过对主因子的进一步归类，分别设立控制变量与实物资产专用性和场地资产专用性、社会关系资产专用性、人力资本专用性和状态人力资本专用性、交易不确定性、交易频率及包括所有因子的计量模型，以测度对农户从事农地规模经营意愿的影响。研究结果证明：

（1）实物资产专用性对农户扩大农地的经营规模影响有限，但农地经营收益的增加对农户投资农业生产性实物资产具有很强的激励效应，或者说，农业实物资产对农户经营规模选择的影响受制于农地的经营状况。

（2）社会资产专用性、场地资产专用性及人力资本专用性对农户扩大农地经营规模的意愿影响显著。第一，农村是一个熟人社会，是农民长期生产生活的地方，亲戚中村干部人数及在政府部门任职人数、本村中血缘关系户数及经常来往的亲朋数，这些关系资源都是农户脱离农村后将逐渐失去的资产，而这些资产对在农村社区从事家庭农场经营具有积极的作用，能够降低农户在经营规模扩大过程中的交易成本；第二，农业水利、村庄道路及村庄治安等场地资产状况对家庭农场的生成具有重要意义，优越的场地资产条件是降低农业经营成本，提高农产品商品率的重要方面。第三，农民的农艺技能、务农的兴趣及受教育程度等教育人力资本专用性验证了从事家庭农场等较大规模的经营是有门槛的，并非任何农民都能胜任；年龄及种养年限越大反而会降低农户从事规模经营的意愿，家庭农场等新型农业经营主体更适合年轻、敢于创业的新型农民。

（3）无论政策不确定性还是信息不确定性，都对农户规模经营选择意愿的影响有限，但这并非不重要。农地政策的调整及其地权纠纷增加了农户经营的不可预期性，在一定程度上降低了农民从事规模经营的意愿，因此赋予农民稳定和界定清晰的地权将能够促进农地的有效流转；信息不确定性的作用有限，但这并不能说信息因素对农户扩大经营规模的影响不重要，而是反映出农户没有选取更好的信息渠道，所需生产经营信息的信度和时效不够，农户将信息转化为生产力的能力不足，生产经营存在盲目性。

（4）研究证明，衡量交易频率的两个观察项都对农户的农业经营规模选择产生较显著的影响。其中涉及农地流转交易的户数越多，需要农场经营者进行一对一缔约谈判的频次就越多，而农户个体的异质性无疑又增加了缔约的难度，导致交易成本高昂，从而限制了农场经营者扩大农业经营规模的努力；而农地流转合同的期限越长越有助于农场经营者形成稳定的经营预期，鼓励其进行长远规划，扩大经营规模。

（5）农地流转中介服务、年净收益及村委作用等控制变量在四个模型中的影响程度不同，其中中介服务和年净收益在模型 A 和 C 中对农户经营意愿影响都较为显著，村委会的作用在模型 B 和 C 中的影响显著，说明在其他条件不变时，提高农地流转中介服务的水平、完善与健全农村基层村民自治组织及促进农业经营收益的增加对农户从事规模经营活动将起到重要的促进作用；从经营类型看，在五个模型中，以粮食种植为主的农户扩大经营规模的意愿都比较低，在一定程度上也反映出农地流转后非粮化的倾向，即在租金及生产资料成本不断上涨的前提下，农户种粮基本无盈利的空间，促使农户更愿意从事非粮经营；变量"是否有正式信贷支持"在五个模型都未通过检验，据调查数据，295 个样本中农户资金来源主要靠自筹和亲朋借款，能从金融机构获得贷款的仅有 98 户（33.22%），且贷款成本高、金额少，对农户扩大经营规模的作用有限。

第五章 家庭农场生成契约选择的
理论与实证分析

第 4 章从实证层面论证了家庭农场生成过程中交易成本因素对农户扩大农业经营规模的影响。新制度经济学将组织看作是一系列契约的联结，其中包含着许多参与到组织中的个体，并把个体之间的交易作为基本分析单位（弗鲁博顿和瑞切特，2015a）。从该视角出发，本研究把家庭农场视为关系型合约的网络，在这个网络中包含着多个与家庭农场产生交易的个体，在家庭农场生成过程中农场经营者需要与各种生产要素的所有者进行产权的全部或部分交易，每一种要素的交易都会涉及契约的缔结与执行，而不同的契约形式给农场经营者带来的激励和约束效应不同。为此，本章将深入探讨家庭农场生成过程中的契约缔结选择及影响。本章的结构安排：第一部分，问题提出。阐释本章研究的切入点；第二部分，运用契约理论的分析框架，并结合我国家庭农场的发展实践阐释家庭农场生成契约选择的影响因素；第三部分，运用二元 Logit 模型和广义 Logit 模型对家庭农场生成契约的缔结选择进行实证分析；第四部分，本章结论。

5.1 问题提出

在现有的农地产权制度下，我国家庭农场的生成更多地依赖于农地流转契约的缔结及其稳定性的维护。故本研究中家庭农场生成契约主要是指家庭农场与土地转出户之间缔结的农地产权交易契约，稳定性是指该契约治理结构的有效性与契约关系的延续性。但建立在土地流转基础之上的家庭农场就其契约性质不可能完全是一种稳定的经济组织，它受着契约期限、家庭生命周期、农户个体理性及众多不确定因素的影响，其中任一事件的变动都可能引起契约纠纷的发生与契约关系的调整。家庭农场能否在这些干扰下表现出自我保护和恢复能力，形成一个相对稳定的、低成本的、具有可传递性的制度"基因"，并通过频数效应在农民群体中成为多数，这对家庭农场能否作为一种主导性的经济现象成为农业中最有效的经济组织具有重要意义。

从契约角度对农业中的组织进行研究主要有以下几个方面：①契约选择原理。张五常（1969b）指出农业合约的选择是由风险分散所带来的收益与不同合约相关联的交易成本的加权来决定的。艾伦和德鲁克（Allen and Lueck，2004a）认为农场经营者与农地所有者之间的契约选择除了要考虑风险分担外，还必须考虑该契约形式对参与者的激励作用。黄祖辉等（2008）的研究发现，以信息成本、谈判成本和执行成本为代表的交易成本是农户选择不同契约方式所考虑的主要因素。洪名勇和龚丽娟（2016）的研究表明，农户特征、农地规模、交易成本、信任、声誉及文化均影响农地流转契约的选择。②不同契约规制的影响。杨明洪（2002）论证了农业产业化经营中选择缔结一种关系或松或紧的商品契约可以有效节约内生交易成本。何郑涛和彭珏（2015a）指出农业经营契约合作模式的发展与科学选择，对家庭农场的可持续发展起着关键的作用。李莹和陶元磊（2015）利用随机演化博弈理论分析了散户参与家庭农场的动因，认为有效的契约规制和制度是家庭农场稳定发展的保障。洪名勇和王晓娟（2009a）把农户土地流转过程中的契约形式分为交易型心理契约、关系型心理契约和发展型心理契约，发现关系型心理契约对农地流转效率影响最大。③农地流转契约的实践形式。目前，我国农地流转可采用转包、出租、股份合作、互换、转让五种形式的契约。据农业部调查统计，2014年这五种形式的农地契约分别占到46.53％、33.17％、6.68％、5.94％和2.97％。艾伦和德鲁克（Allen and Lueck，2004）通过对美国家庭农场性质的研究发现，涉农契约的形式比较简单、不正式、持续时间比较短。同样，叶剑平等（2006）对中国17个省农地流转情况调查表明，在转出农地的农户中，有46％的农户没有约定期限，其余有约定期限的农户中仅有27％的流转期限在1年以上。钟文晶和罗必良（2014b）的研究也发现，中国农地流转市场普遍存在无契约或者契约期限过短等现象。

上述研究分别从理论和实证层面考察了农业中契约选择的依据、影响及契约的现实特征，但缺乏针对家庭农场生成的不同类型契约治理的比较及选择研究。本研究与以往研究的不同之处在于：首先，利用契约理论，围绕家庭农场生成过程所涉及的契约关系，从委托代理、不确定性、要素投入等角度对家庭农场生成契约选择进行理论分析；然后根据理论分析提出研究假设，并利用调查数据，实证分析影响家庭农场生成契约选择的因素，模型的设置可以解释制度环境、交易成本和农户特征对于农场户选择不同契约形式的影响。

5.2　家庭农场生成契约选择的理论分析

5.2.1　产权分割、委托代理与家庭农场生成契约选择

契约理论也被称为代理理论，更一般意义上称之为机制设计理论，是所有权和经营权分离情况下产权配置的一种契约形式（笪凤媛，张卫东，2010a）。中国农地产权结构呈现出多重分割（图 5-1）的特点：一是农地产权的主体分割。我国农地产权基本安排是农地所有权归集体、承包权与经营权归农户，2014 年中央 1 号文件提出土地所有权、承包权、经营权"三权分离"的制度安排，造就了村集体、普通农户、土地转入户（家庭农场户等）等主体之间多重地权的代理关系。二是农地产权在时间上的分割。农户与村集体之间的农地承包合同的通常期限是 30 年，尽管国家出台政策强调农地承包期的稳定性和连续性，强调"增人不增地、减人不减地"的政策。然而历史表明，很多村干部并没有遵守这些指令，在过去30 年，在中国的大多数村庄，村干部在农户之间进行了土地的重新调整（罗伯特·C. 埃里克森，2012a）。另一方面在农地流转过程中所形成的固定期限合同则又一次对农地产权在时间上进行分割。随着合同期限的临近，将加重承租户对土地的掠夺性利用。三是农地产权在空间上的分割。家庭联产承包责任之下，农户所拥有的地块零碎且不连片，一个承包有10 亩地的农户，其农地平均至少被切割为 3 块。农地产权的碎化产生了经营上的无效率，也为农地流转注入了诸多不确定性和复杂性，致使交易成本上升。

中国农地产权制度的这些特点使得家庭农场生成过程中面临着一种复合的具有多重委托代理性质的契约安排。实践中，围绕家庭农场生成与农地产权相关的交易将涉及四个层次的委托代理关系：①农地所有权的委托

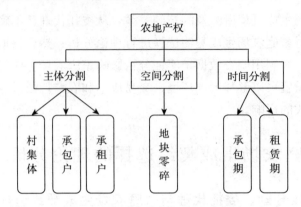

图 5-1　中国农地产权的三重分割

代理（指农户与集体之间的委托代理）。作为集体成员的农户拥有土地的终极所有权，但由于这个所有权主体是由许多人组成的整体，他们必须利用某种产权代理机制表达他们共同的意志，行使他们共同的权利（熊玉娟，2010），即由集体组织行使土地管理权，形成以农户为初始委托人、集体为代理人的初级委托代理关系。②农地管理权委托代理。集体经济组织实际是一个虚拟的产权主体，集体对农地管理权的实施最终要有村民和政府选定的村干部来行使，因此，作为代理人的村干部的个人利益与集体利益之间的一致性如何，将直接影响农地产权效用的最大化。在既定制度结构下，村干部的机会主义行为将使农地资源的配置产生扭曲效应，更多的资源及优质资源会流向干部或与其关系紧密者手中。③农地承包权的委托代理。集体与农户签订土地使用权出让合同，将土地承包经营权委托农户行使，形成以集体为委托人、农户为代理人的次级委托代理关系。④农地经营权委托代理（涉及农户与家庭农场等主体）。在农地经营权流转过程中，农户将土地的经营权委托给承租人行使，形成了以农地承包户为委托人、家庭农场等主体为代理人的再次级委托代理关系，该层级委托代理关系的治理是家庭农场等主体生成与稳定的关键。

在家庭农场等新型农业经营主体培育过程中，由于农地委托代理关系的复杂性，以及土地市场功能缺失，若委托人（农地所有者）对代理人缺乏有效监督和约束，代理人（农场经营者）的机会主义行为将普遍存在。如在产权转让过程中，契约双方有着各自的利益诉求和行为选择，一旦契约环境对某一方发生了不利的冲击，契约双方都会存在机会主义行为等问题（Jensen and Meckling，1976）。具体可分为签约前和签约后机会主义行为。①签约前。在农地经营权转让过程中，由于对农地质量量度的困难或量度成本太高，农地所有人比农场经营者更清楚农地的质量信息，在价格（租金）既定的情况下，农地所有者往往会选择转出劣质土地。②签约后。根据本特利·麦克劳德（Bentley Macleod，2000）的套牢模型（图5-2）可知，假定农地经营权缔约能给委托人带来的价值和通过市场对农地经营权重新配置能得到的价值分别为：$V(y,w)$ 和 $V^0(y,w)$，且 $V(y,w) - V^0(y,w) = k(w)$，其中 y 为代理人的专用投资，w 为自然状态，具有不确定性，$k(w)$ 是确定关系租的数值，它取决于自然状态 w。则当 $k(w) > 0$ 时，履约是有效的，当它为负数时违约是有效率的。

假设在日期 0 处契约关系租的期望值为正，且由 $\bar{k} = E(\max\{0, k(w)\}) > 0$，双方签订契约，随着代理人在日期 1 采取行动及其在日期 2 自然状态的显露，委托人在日期 3 观察到代理人的这些特征，并发现存在有效率的违约，则代理人被套牢。

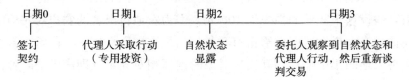

图 5-2　麦克劳德套牢模型

　　契约签订后代理人（农场经营者）采取行动增加对家庭农场的各类专用投资，如建设规划、设备购买以及人力资本等投入。当代理人在承租期内开展生产经营活动之后，代理人会发现自己被这种合约关系"套牢"。当委托人（农地所有者）观察到代理人这一状态后，他可能会寻找机会并充分利用这个有利条件，将租金提高以攫取代理人沉没成本之上的那部分准租。也就是说农地所有者缔约之后会激励他把缔约的农地经营权重新配置给出价更高的承租人或其他更有效用途上。

5.2.2　交易属性与家庭农场生成契约选择

　　交易属性是指交易双方在交易过程中所展现的某种特质，包括交易双方的关系强度、交易频率、交易者的理性程度及形成的资产专用性等。交易属性不同则形成的治理结构即组织成本和权能也不同，不同的交易就需要不同的治理结构与之相匹配（Williamson，2014）。

在家庭农场的生成过程中，无论是农户间自发流转还是由政府或中介组织都会发生地权转移的交易成本，而费用的多少与参与协议的人数以及他们之间的关系紧密相关。随着交易数量的增加和人际关系的疏远，农地资源使用权转让所消耗的资源逐渐上升。在农村，农民的交往呈现出明显的差序格局，即按照"血缘—地缘—业缘（工作中形成的关系）"关系逐级展开，人们之间的信任度也随关系的弱化呈递减，而契约的缔结成本和精细程度则相反。假设农地具有市场可转让性，交易中只涉及一个家庭农场户和多个土地转出户，他们都是理性（即追求私人利益最大化）的决策者。

假定 1 亩农地的市场转让价值为 800 元，但由于信息不对称和交易成本的存在，交易双方要达成交易需要投入额外资源的消耗（包括信息费用、时间成本、谈判费用等），使得交易双方实际付出或得到的低于这个价值，假设这个额外的损失为 100 元，作为农地转出者的农户对农地的选择往往具有多样性（即供给富有弹性），而作为需求一方，农场经营者为了实现农地的集中连片，其交易对象的选择相对固定（即需求缺乏弹性），根据经济学的弹性原理，在交易过程中，这个损失大部分由缺乏弹性的家庭农场经营者承担，即他为得到 1 亩农地的实际支付为 900 元。本研究将这一关系定义为农地价值买卖的交易活动，可用交易函数来表示：$Y_d = F(Y_s)$。其中，Y_s 表示土地转出户转让农地数量的市场价值，Y_d 表示家庭农场户转入农地得到的净值。OA 之间的距离表示农户转出农地的总值，即交易投入，AB 之间的距离表示农场经营者转入农地的净值，那么由 $K = Y_s - Y_d$ 所表示的交易成本可以由 BD 线看出，如果交易成本为正，交易曲线必然位于 45 度线下（图 5-3）。交易曲线的斜率代表交易过程中的边际转让率，即当农户转出额外一单位土地资源的价值时，农场经营者能得到的净值。当农地交易的数量达到一定规模，若继续增加农地交易，农场经营者搜寻可能的交易对象将会越来越困难，并且要花费更多的精力来监督交易过程，且交易各方在监督和执行方面需要花费更多的努力以防备机会主义行为，交易过程中的边际转让率随着交易规模的增加而减少。这也反映出随着契约双方交易关系密切度的弱化，农地交易契约达成的边际交易成本不断增加，妨碍农地流转的效率。这些交易成本相当于由交易双方共同分摊的一种交易税，会降低土地使用权交易的总量，在时间上会迟滞家庭农场生成的进程。

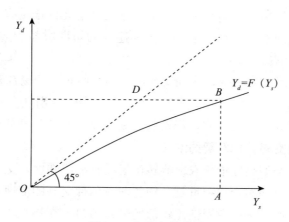

图 5-3　农地交易曲线

交易关系不同，契约形式的选择也将不同。农民长期生活在一个熟人社区，村民之间形成了广泛的关系网络，信息传播的速度非常快，一旦某个农民有不良行为就会很快被村庄内甚至周围村落的人们获知，所以好的名声可以成为农地契约自我履行的保障之一。当契约双方缺乏了解时（如非本村或私人关系比较疏远的个体），为防范事后机会主义对当事人利益的侵害，就需订立正式的书面契约。无论是熟人之间的简单契约还是约束力强的正式契约，契约的执行在很大程度上是依赖彼此间给出的可信承诺，而承诺是否可信则取决于当事人是否有遵守诺言的声誉。但形成良好的声誉是要付出代价的，从农场经营者立场来看，假定他不按合同的共识来履行义务（如违约，不支付租金）所能获得的短期收益为 R_1；由此农户就会终止农地流转合同，要回经营权，农场经营者因此将失去的未来利润流量的现值为 R_2，这可视为农户对不履约的农场主实施终止合同关系的制裁，也折射出了农场经营者的声誉资本。可表示为：

$$R_2 = \sum_{t=0}^{N} \frac{\prod_t}{(1+r)^t} \tag{5-1}$$

其中，N 为契约期限，$\prod$ 为履行合同所能获得的收益，r 为贴现率，t 为年限，$t=0，1，2，\cdots，N$。当 $R_1 < R_2$ 时，则能保证契约的履行。交易者各方声誉资本的大小决定了合同执行的效力。当 R_2 足够大时，农场经营者会选择自我执行机制而不是选择通过法律渠道来保证契约的履行；而从土地转出户角度，当其声誉资本足够大时也会自觉履约，要防止土地转出户违反合同的途径有两个：降低其违约的短期收益 R_1 或增大遵守合同的预期收益 R_2。

根据农场经营者与农户之间交易的人格化特征（交易前双方的关系越紧密，交易的人格化特征越明显）、所形成资产的专用性及农户的理性特征等属性（表 5-1），可将农地经营权交易类型及契约治理分为三类。

（1）自由交易，标准契约治理

这种交易类型高度依赖农地流转市场发育的成熟度，交易是非人格化的，主要是针对偶然合约和重复合约的非专用性交易的治理安排，从事的一般是容易生产、资产专用性比较低的经营项目。交易双方拥有的信息比较对称，没有隐瞒，按照市场机制就能形成标准化的农地流转合同，当发生合同纠纷时法庭按照效率标准就能解决。

（2）可信交易，简单契约或无契约治理

交易一般发生在父母、兄弟姐妹、亲戚、同组人、同村人等熟人之间，双方掌握的信息对称，但理性有限，有投机思想，治理方式取决于彼此的信任。这种紧密的社会关系使交易双方难以达成有效稳定的合约，形成的多是口头契约或无契约，土地转出户可以随时和农场户协商或单方要回土地，导致交易投资的专用性不强，一旦发生纠纷不会通过法庭解决，更多情况下请第三方（如村委会、村中权威人士等）协调，是一种比较松散的但可节约交易成本的治理结构。

（3）专用交易，关系型长期契约治理

交易双方由于投入要素的资产专用程度提高，形成了比较强烈的相互依赖关系，一旦一方违约将会对另一方造成极大的损失，在这种情况下签订一个长期可持续的契约或者形成股份合作制契约可有效降低机会主义风险。从农地转出者的角度而言，农地表现出场地专用性特征，地理位置固定、气候条件、水文条件等特性决定了农地只能适用特定的农业生产用途，农场经营者一旦改变农地的用途可能会造成不可逆的损失。罗伯特·

C. 埃里克森（2012b）的研究指出，对于转入农地的规模经营主体，一般要进行人力资本和非人力资本专用性投资，这种投资收益的可得性在很大程度取决于交易关系的持续期及其契约稳定性。随着农场经营者投入的人力资本和非人力资本变得越来越专业化于一种用途，它们将更容易受到机会主义行为的侵害，农场经营者可通过吸纳土地转出户为股东，变单一的租赁关系为股东关系，以及通过情感投资、形成品牌资本、给予抵押品等来维护签约的合适环境，以使退出合约变得困难，从而降低专用性交易带来的投机风险。

表 5-1 交易属性与家庭农场生成契约的选择

交易类型	交易属性	契约及治理结构
自由交易	交易非人格化特征明显；资产专用性中等；信息对称、程序理性、无投机	标准契约；法庭按照效率标准解决纠纷
可信交易	交易的人格化特征明显；资产专用性低；交易不稳定，信息不对称，理性中等，弱投机	非正式契约或无契约；三边治理
专用交易	交易者的相互依赖性强；资产专用性高；有限理性，信息不对称，欺骗性自利追求，强投机	长期连续性的契约；双边治理或统一治理

5.2.3 要素投入水平与家庭农场生成契约选择

按照风险与利益分配的不同，农业中的契约形式主要可分为两类：定额租契约和分成契约（张五常，1969c）。从家庭农场经营者角度，定额契约下农场经营者每年按约定支付给农地转出户固定量的现金或实物，从而享有农地的全部剩余。分成契约指农户以土地等要素入股形成的规模经营主体，双方按照约定比例或按股分享农地的剩余。借鉴艾伦和德鲁克（Allen and Lueck，2004b）的分析方法，假定契约双方有两种要素投入：一是农地所有者投入的农地资源；二是家庭农场经营者投入的生产要素。假设双方都是风险中立，恶劣天气和病虫害等随机因素因难以预知而无法详细地写进契约，增加了履约过程中的道德风险。构建如下产出函数：

$$q = f(e, l) + \delta \tag{5-2}$$

式中，q 为单位面积土地产出；e 为农场经营者的要素投入或努力程度；l 是农地所有者的农地资源；$\delta : N(0, \sigma^2)$ 为随机扰动项（自然灾害等不可控因素）；该函数具有一阶偏导 $f_e' > 0, f_l' > 0$，二阶偏导 $f_e'' < 0, f_l'' < 0$ 和二阶混合导数 $f_{el}'' = 0$ 的性质。农场经营者要素投入水平或努力程度，用其外出务工的所能得到的平均工资率 w 衡量。所有者的农地资源禀赋用农地资源用途选择的机会成本 r 衡量。作为理性人，农场经营者和农地所有者将按照边际收益等于边际成本原则最优化两种要素的投入（记为 e^* 和 l^*），以获取最大的财富。若履约的交易成本为 0，就不存在要素投入的扭曲和度量产出的无谓损失。但现实世界中，由于契约双方的有限理性和机会主义行为，契约执行的成本不可能为 0，无论签订哪种契约，农场经营者为了最大化自己的收益在契约期限内会过度使用农地资源而不用为其行为的后果进行支付。因此，要素的投入水平将达不到最优。①考虑选择定额租契约。家庭农场每年支付农地所有者固定的租金后，在契约期限内享有农地的全部产出，但由于没有对农地的长期决策权而不会珍惜土地，导致农地资源禀赋价值下降，即 $r_1 < r$，则家庭农场经营者的目标收益函数可用下式表达：

$$\max_{e,l} \prod{}^r = f(e,l) - we - r_1 l \tag{5-3}$$

若用 e^r、l^r 表示要素投入的次优选择，对方程求偏导数，则有 $f_e'(e^r) = w$ 和 $f_l'(l^r) = r_1$，若两个变量的混合偏导数 $f_{el}'' = 0$，则 $e^r = e^*$，即农场经营者的努力水平与最优投入水平相等，但显然这时 $r_1 < r$，$l^r > l^*$，这意味着在定额租契约下，农场经营者会一直保持最优的投入努力程度，但会过度利用农地所有者的土地资源。②选择分成合作契约，农场经营者可不用事前支付给农地所有者报酬而使用农地资源，到收获时按约定的份额对生产成果进行分配。但在这种契约关系下，农场经营者存在隐瞒产量和以次充优的动机，以尽可能减少分给合作伙伴的利得。假定农场经营者可以得到的量为 sq，农地所有者得到 $(1-s)q, 0 < s < 1$，农场经营者除不用承担农地资源禀赋的成本外，将支付其他要素的投入成本，则目标收益函数为：

$$\max_{e,l} \prod{}^s = s[f(e,l)] - we - r_1 l \tag{5-4}$$

假如用 e^s、l^s 表示经营者的次优要素投入水平选择，满足 $sf_e'(e^s) = w$ 和 $sf_l'(l^s) = r_1$，表明由于农场经营者要与农地所有者分享未来的产出，经营者投入的努力程度将低于最优投入，即 $e^s < e^*$，且仍存在过度利用农地资源禀赋的倾向，即 $l^s > l^*$，但 $l^* < l^s < l^r$。说明分成契约下家庭农场营者仍会有掠夺式经营的激励，但土地资源过度利用的程度会小于定额租契约。

利用上述两种契约类型，构建要素投入与产出的关系均衡模型（图5-4、图5-5），为了简化分析，假定要素的投入产出呈线性关系。当契约可以零成本执行时，遵循边际收益等于边际成本来确定最优的要素投入水平为 e^* 和 l^*。定额租契约下，农场经营者不用承担农地资源禀赋下降的成本，他会选择 l^r 点对农地的使用程度，偏离最优投入，产生了 DFG 面积的无谓损失；分成合作契约会使农场经营者的边际收益减少，他会同时减少两种要素的投入水平，选择 e^s 和 l^s，偏离最优投入，产生了 ABC 和 DEH 的无谓损失。这说明，对于契约双方来说，在分成合作契约下，如果分配剩余所带来的交易成本很低，那么分成合作契约优于定额租契约，因为，分成合作契约减少了要素总投入扭曲而产生了无谓损失。

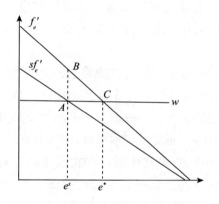
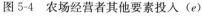
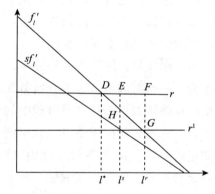

图 5-4　农场经营者其他要素投入（e）　　　图 5-5　农地资源禀赋（l）

5.3　家庭农场生成契约选择的实证分析

缔结契约是家庭农场生成的基础，这对于参与其中的任何一个农户而言都是一个选择的过程。那么农地所有者和农场经营者是否参与缔约，其选择机制是什么？Scott Masten 和 Stephane Saussier（2000）指出订立契约的决定实际上是一个标准的离散选择问题，人们最终的抉择取决于各方的不同选择集合所导致的成本与收益比较。根据上述对家庭农场生成契约选择的理论分析，租地农场户是否选择缔结契约及缔结何种形式的契约，本研究认为受制于缔约的制度环境、交易成本、机会成本、户主个人及家庭特征。考察两个响应变量：是否签订正式书面契约和选择何种契约类型（定额现金契约、定额实物契约及分成合作契约）。

5.3.1 变量选择、定义及预期

(1) 所选自变量对第一个因变量 (Y1) 影响的理论预期

第一组变量：缔约的制度环境。用第二轮农地承包期内承包权调整次数和是否有亲戚任村干部 2 个观察项衡量。对租地农场户而言，农地产权分割越复杂对其缔约选择影响越大，为保障转入农地使用权的稳定，就越倾向于签订正式书面契约；由于村干部是行使农村集体土地所有权的代理人，若有亲戚担任村干部，在一定程度上就能保证农地产权的相对稳定，刘文勇和张悦（2015）的研究证明，与没有亲戚是村干部的农户相比，农场户更倾向于签订非正式契约。

第二组变量：缔约的交易成本。采用与土地转出户的关系、交易农户的个数、是否有农地流转中介服务和农用固定资产 4 个观察项衡量，这四个指标反映了农地产权交易过程中的交易成本。一般而言，缔约的交易成本越高，农户越倾向于签订正式书面契约，而交易成本越低，越倾向于订立非正式契约。洪名勇和王晓娟（2015）的研究证明，在农地流转过程中，交易双方之间关系越紧密、信任度越高，选择口头契约的概率越大。因此，当与交易农户关系非常紧密时，缔约的交易成本就很低，往往无须订立正式契约。而当参与农地流转交易的农户个数增加时，需要谈判缔约的次数也相应增加，交易成本就会增加，为了保障交易关系的稳定性，订立正式书面契约的倾向就会增加；若有农地流转中介服务组织的参与将极大降低交易的次数，交易成本就会降低，且在中介服务机构担保作用下，农场户与每个转出户签订正式书面契约的倾向就会降低。农场经营者投入农用固定资产专用程度越高，越容易被契约关系套牢，谈判缔约发生的交易成本就越高，故签订正式契约的概率更大。

第三组变量：缔约的机会成本。采用农户家庭成员年均外出务工收入和农地亩租金 2 个观察项衡量。对于租入农地的农场户而言，外出务工的收入越高，则意味着从事农业经营的机会成本越大，就倾向于选择不签订正式契约；农地租金越高，种地的预期收益就越低，就倾向于不签订正式书面契约。

第四组变量：户主及农户家庭特征。选取户主文化程度、户主年龄、户主在村庄中的威信及家庭务农人口进入模型。其中，威信反映了农户声誉资本，威信越高意味着越容易得到村民的信任，签订正式契约的概率就越低。各个变量的具体含义及预期影响方向见表 5-2。

表 5-2　模型中变量定义与说明

变量类型	变量名称	备选变量及定义	对 $Y1$ 预期影响
因变量	是否缔结正式书面契约 $Y1$	1＝是；0＝否	
	租金支付类型 $Y2$	1＝定额现金；2＝定额实物；3＝分成合作	
制度环境	农地承包期调整 $X1$	次数	＋
	是否有亲戚是村干部 $X2$	1＝是；0＝否	－
交易成本	农地流转关系 $X3$	5＝非常好，比较好＝4，一般＝3，不太好＝2，不好＝1	－
	交易农户个数 $X4$	实际数	＋
	是否有农地流转中介服务 $X5$	1＝是，0＝无	－
	农业固定资产 $X6$	万元	＋
机会成本	年务工收入 $X7$	万元	－
	亩租金 $X8$	元	－
家庭特征	户主文化程度 $X9$	4＝专科及以上，3＝高中，2＝初中，1＝小学及以下	？
	户主年龄 $X10$	岁	？
	户主务农兴趣 $X11$	5＝很高，4＝较高，3＝一般，2＝较低，1＝很低	？
	户主的威信 $X12$	5＝很高，4＝较高，3＝一般，2＝较低，1＝很低	－
	家庭务农人口 $X13$	实际数	？

（2）所选自变量对第二个因变量（Y2）影响的理论预期

对于第二个因变量：选择何种契约类型。本研究仍从缔约制度环境、交易成本、机会成本、户主个人及家庭特征方面进行考察。①缔约的制度环境。一般而言，农地承包权变更势必影响经营者的预期，会使那些投入大量生产要素和固定资产的经营者面临着巨大的缔约风险，为分散风险，更有可能选择分成合作契约；而村干部是农村集体土地所有权的管理人，与亲戚中没有村干部的农户相比，拥有这一资源的农户往往能得到一定庇护，从而保障农地经营权的稳定，故采用定额契约完全自主经营的可能性更大。②交易成本越高，选择定额契约的可能性就越大。当交易双方不熟悉时，就难以形成信任导致合作困难，分配剩余所产生的交易成本将非常高；流转户数太多，进行合作监督的交易成本就会上升，但若有中介组织参与，代表参与者监督交易双方的行为，可以有效降低合作的成本，保障契约的履行，那么选择分成合作契约的可能性就大；经营形成的农业固定资产价值越大，农场户为防止被套牢的风险，更愿意为保障契约的长期稳定性进行支付。③机会成本反映了农场经营者的努力程度。务农的机会成本越高，农场户投入的努力程度就越低，选择分成合作契约的可能性就会上升；农地租金越高，农场户所得的利润就会越少，为规避租金负担农场经营者更愿意选择分成合作契约。④仍将反映户主及家庭特征的5个变量引入模型。一般而言，年龄越大的农民，风险意识越强，选择分成合作契约的可能性更大；家庭所拥有的农用固定资产越高，农场户被"套牢"的风险越大，为防止农地转出户"敲竹杠"，选择分成合作契约的倾向越高，其他变量的影响预期不确定。

5.3.2 理论模型

本章考察的第一个因变量是租地农场户是否签订正式书面契约，由于该变量是二元定性分类变量，因此仍选择二元 Logistic 模型进行分析。模型形式如下：

设因变量为 y，如果租地农场户选择签订正式书面契约，则 $y=1$，若租地农场户选择签订非正式契约，则 $y=0$；影响 y 的 m 个自变量分别记为 $x_1,x_2,\cdots,x_m$。设租地农场户 i 选择签订正式书面契约的概率为 P_i，

$1-P_i$ 则表示租地农场户 i 不愿意意选择签订正式书面契约的概率，它们均是由自变量向量 X 构成的非线性函数：

$$P_i = F(y) = F(\beta_0 + \sum_{j=1}^{m} \beta_j x_j) = \frac{1}{1 + \exp(-\beta_0 + \sum_{j=1}^{m} \beta_j x_j)}$$

(5-5)

对 $P_i/(1-P_i)$ 进行对数变换，得到以发生比表示的线性 Logit 模型：

$$\ln(\frac{P_i}{1-P_i}) = \beta_0 + \sum_{j=1}^{m} \beta_j x_j + \varepsilon \qquad (5-6)$$

式（5-5）和式（5-6）中，β_0 为常数项；m 为自变量的个数；β_j 为自变量的系数，反映了解释变量影响农场户选择签订形式的方向与程度；ε 为随机误差项。

第二个因变量是农场户选择的具体契约类型，为更详细地分析，本研究将定额契约仍分为定额现金和定额实物契约，而将约定比例分成和入股合营归为分成合作契约，并以分成合作契约为参照类，进行多项 Logistic 回归分析。多项 Logistic 模型的基本思路与二项 Logistic 模型类似，但研究的目的是分析被解释变量的各个类别与参照类别的对比情况。本设定的契约类型有三类，即定额现金契约（a）、定额实物契约（b）和分成合作契约（c），且以分成合作契约为参照类别，建立以下两个以广义 Logit模型：

$$LogitP_a = \ln\left[\frac{P(y=a\,|\,X)}{P(y=c\,|\,X)}\right] = \beta_0^a + \beta_i^a x_i + \varepsilon \qquad (5-7)$$

$$LogitP_b = \ln\left[\frac{P(y=b\,|\,X)}{P(y=c\,|\,X)}\right] = \beta_0^b + \beta_i^b x_i + \varepsilon \qquad (5-8)$$

其中，y 为因变量，表示农场户具体选择的契约类别；P_a 为农场户选择定额现金契约的概率，P_b 为农场户选择定额实物契约的概率；X 为自变量向量，即影响农场户契约选择的 13 个解释变量。x_i 代表每一个自变量（$i=1,2,\cdots,13$），包括制度环境类、交易成本类、机会成本类、户主及家庭特征类变量；ε 为误差项。

5.3.3 样本说明及描述性统计

样本数据来源与前文相同，但从 295 个样本中剔除了不符合家庭农场特征（粮食种植面积＜20亩）的样本及没有租入农地的家庭农场，剩余样本数为242个。在参与流转的样本中，签订正式书面契约的农户有166个，占68.60%，没有签订正式契约的有76个，占31.41%。交易双方选择的租金支付形式包括四类：定额现金、定额实物、约定比例分成（指交易双方按事先约定比例对收益进行分配，契约当事人可不参与经营）及入股合营（指契约当事人按股分红，共同经营），分别占样本总体的76.86%、13.63%、7.44%及2.07%。

表5-3 模型中各指标变量的描述性统计

变量	样本量	极小值	极大值	均值	标准差
是否签订合同	242	0.000	1.000	0.686	0.465
承包权调整（次）	242	0.000	15.000	2.426	2.277
是否有亲戚任村干部	242	0.000	1.000	0.355	0.480
涉及农地流转户数（户）	242	1.000	500.000	19.583	54.036
是否有流转中介机构服务	242	0.000	1.000	0.488	0.501
亩租金（元）	242	80.000	2 000.000	666.983	318.004
务工收入（万元）	242	0.000	18.000	2.025	2.206
农业固定资产（万元）	242	0.000	125.000	9.673	12.318
户主文化程度	242	1.000	4.000	2.120	0.674
户主年龄（岁）	242	24.000	65.000	45.587	7.572
户主在村中威信	242	1.000	5.000	3.508	0.713
户主务农业兴趣	242	1.000	5.000	4.008	0.942
家庭人口数（人）	242	3.000	12.000	5.252	1.294

由表5-3可知，大多数农户在第二轮承包期内经历了农地承包期调整，平均调整次数约为2.4次；农场户平均要与19个左右的土地转出户进行地权交易，最多涉及500户；交易的每亩租金平均达666.98元，最高达2 000元；租地农场户的农用固定资产投入平均约9.67万元，最高为125万元；农场户家庭成员年均务工收入约为2万元，最高能达18万元。从家庭特征来看，样本户平均家庭人口5～6人，最多12人；户主受教育程度多数在初中及以上，平均年龄约为45.6岁，且务农的意愿比较强烈，户主在村中的威信普遍在一般和较好之间。

此外，据问卷整理统计，亲戚中有村干部的样本有 86 户，占样本总体的 35.5%；农地流转有中介机构服务的有 118 户，占到 48.8%，其中通过村民委员会、乡镇政府部门、农民专业合作社、专门农地流转服务机构及农业企业流转的分别有 90 户、8 户、6 户、6 户和 3 户，可见当前农户流转土地更多依靠农村集体经济组织，其他服务主体发育尚不完善。

5.3.4　实证分析

（1）基于因变量（$Y1$）的二项 Logistic 回归

表 5-4　自变量间的多重共线性检验

变量	共线性统计量	
	方差膨胀因子（VIF）	容忍度（Tolerance）
承包权调整（$X1$）	1.09	0.916
是否村干部（$X2$）	1.08	0.923
涉及农地流转户数（$X3$）	1.18	0.845
与土地转出户关系（$X4$）	1.09	0.921
是否有中介服务（$X5$）	1.17	0.853
农用固定资产（$X6$）	1.14	0.881
亩租金（$X7$）	1.15	0.867
务工收入（$X8$）	1.06	0.945
文化程度（$X9$）	1.24	0.808
户主年龄（$X10$）	1.13	0.884
户主村中威信（$X11$）	1.22	0.820
户主务农兴趣（$X12$）	1.33	0.751
家庭人口（$X13$）	1.11	0.902

运用 SPASS 18.0 软件进行建模。为了防止数据的强波动和单位不统一，对存在较大极差的解释变量进行了标准化处理，即将每个变量值减去均值再除以标准差，得到一系列处于 0 附近的数值。为防止变量之间的多重线性，采用每一个自变量与所有其他自变量进行回归，计算每个变量的方差膨胀因子（VIF）和容忍度（Tolerance），结果（表 5-4）表明，方差膨胀因子的最大值为 1.33，最小值为 1.06，均值为 1.15，所有自变量

Tolerance>0.7，可以判断不存在多重共线性，故采用强制进入法将全部解释变量引入模型，得到模型1。然后采用逐步回归（向后筛选策略），将方程中极大似然估计法计算的似然卡方值较小的变量剔除方程，得到模型2，结果显示模型2中通过显著性检验的变量个数及显著程度有所增加。两个模型的 Hosmer-Lemeshow 检验统计量值都比较小，且概率值均大于设定的显著性水平 0.05，说明观测频数的分布与期望频数的分布无显著差异，模型拟合程度较好，但模型的 Nagelkerke R^2 值比较小，对因变量变差的解释程度一般。

结合两个模型的回归结果（表 5-5），研究发现：①缔约的制度环境变量中农地承包权调整对农场户的契约形式选择影响较为显著，而且与假设一致，说明当农地承包权不稳定时，农场户更期望通过签订正式书面契约定地权。而"是否有亲戚任村干部"对农场户的契约形式选择影响不显著，但影响方向与预期一致。②衡量交易成本的四个观察项中，只有涉及农地交易流转的户数对缔约选择影响显著，且与预期一致，即交易涉及的农户越多，租地农场户越倾向于选择正式契约。其他变量未通过显著性检验，但农地流转关系、农用资产专用性的影响方向与预期一致，即农地流转交易双方流转关系越紧密，越倾向选择非正式契约，而形成农用固定资产越多的农场户越倾向于选择正式契约；农地流转是否有中介服务也未通过检验，但其影响与预期相反。从实践来看，可能原因是农地流转中介机构为降低自身的服务风险，有能力为流转双方提供规范格式化的合同范本，降低了缔约谈判交易成本，在中介机构的要求下，农地双方必须签订正式契约。③代表机会成本的两个观察项均对农场户的缔约选择产生了显著的影响。其中务工收入的影响与预期一致，即务工收入越高，签订正式书面契约的概率越低；但是亩租金的影响与预期的相反，即租金越高越倾向于签订正式书面契约。可能的解释：缔约是不同参与主体的讨价还价及其能力的对比。为保障得到较高的租金收益，农地转出户要求租地农场户必须签订正式契约，而租地农场户为克服因任意违约带来的风险，促使风险的结果相对所获得的收益表现得更为确定，也会选择签订正式书面契约。④户主及家庭特征变量中，仅户主的务农兴趣对契约选择产生了显著的积极影响，即对从事农业兴趣越高的农场户，越愿意签订有保障的正式契约。其他变量未通过显著性检验，但从影响方向看，户主的文化程度对因变量的影响为正，即这些变量的取值越高，签订正式契约的倾向越高；而年龄越大的农民更愿意签订非正式签约，反映出年龄越大的农民契约意识较低。但是户主威信的影响与前文的分析及预期并不一致。可能的解释：威信越高的农场户为维护自己的声誉更愿意通过正式契约给土地转出户可信的承诺。

表 5-5　农场户契约选择的二项 Logistic 模型回归结果

变量类型	变量名	模型 1		模型 2	
		系数	显著性	系数	显著性
制度环境	承包权调整（X1）	0.098	0.213	0.122*	0.108
	是否有亲戚是村干部（X2）	0.295	0.389		
交易成本	涉及农地流转户数（X3）	0.019	0.141	0.025**	0.064
	农地流转关系（X4）	−0.076	0.686		
	是否有中介服务（X5）	0.253	0.440		
	农用固定资产（X6）	0.020	0.297		
机会成本	亩租金（X7）	0.001***	0.010	0.001***	0.007
	务工收入（X8）	−0.156**	0.057	−0.156**	0.027
户主及家庭特征	户主文化程度（X9）	0.116	0.418		
	户主年龄（X10）	−0.027	0.202		
	户主个人威信（X11）	0.171	0.485		
	户主务农兴趣（X12）	0.370**	0.042	0.432***	0.008
	家庭人口（X13）	−0.106	0.428		
常数项		−0.736	0.644	−2.013***	0.010
Hosmer-Lemeshow 检验		6.357	0.607	5.144	0.742
−2 对数似然值		252.999		259.884	
Cox & Snell R²		0.181		0.157	
Nagelkerke R²		0.254		0.220	

注：*、**、***分别代表在 10%、5%、1% 的置信水平上显著。

（2）基于第二个因变量（Y2）的多项 Logistic 回归

尽管样本中有 76 户未签订正式书面契约，但都有约定租金支付和利益分配的具体形式，因此样本量仍为 242 个。其中定额契约又可划分为定额实物契约与定额现金契约，定额现金契约一般要求在每年生产之前将租金支付给土地转出户，农场经营者面临的租金支付压力大；定额实物契约则一般在农作物收获后付给土地转出户一定量的实物农产品或将农产品按约定折价进行货币支付，消解了农场户在生产之前支付租金的压力，其他方面这两类契约对农场户激励作用相同。

研究运用 Stata1 2.0 软件构建多项 Logistic 回归模型，以分成合作契约（包括按约定比例分成和入股合营分红两种形式）为参照类别，考察农场户选择定额现金或定额实物契约的概率。为消除异方差问题，采用稳健标准误回归。

回归结果（表 5-6）：模型的著性水平为 0.028，整体通过了 5% 的卡方检验。

表 5-6　农场户契约选择的多项 Logistic 回归结果

变量名	模型 a			模型 b		
	系数	Z 统计量	显著水平	系数	Z 统计量	显著水平
截距	4.997***	2.620	0.009	4.441*	1.710	0.087
承包权调整（X1）	0.111	1.430	0.154	0.037	0.330	0.745
是否村干部（X2）	−0.158	−0.320	0.748	0.107	0.180	0.860
农地流转户数（X3）	0.002	0.540	0.592	−0.010	−1.260	0.208
与土地转出户关系（X4）	−0.046	−0.140	0.887	0.320	0.780	0.434
是否有中介服务（X5）	−1.535***	−2.770	0.006	−1.951***	−2.960	0.003
农用固定资产（X13）	−0.001	−0.040	0.964	−0.040	−1.110	0.267
亩租金（X6）	−0.057	−0.570	0.568	−0.111	−0.880	0.379
务工收入（X7）	−0.001	−0.640	0.522	−0.002**	−1.950	0.051
文化程度（X8）	0.551*	1.780	0.075	0.012	0.030	0.978
户主年龄（X9）	−0.013	−0.450	0.653	−0.075**	−2.110	0.035
户主村中威信（X10）	−0.221	−0.670	0.505	0.037	0.080	0.933
户主务农兴趣（X11）	−0.081	−0.320	0.750	−0.054	−0.140	0.887
家庭人口（X12）	−0.175	−1.000	0.319	0.184	0.910	0.361
Log likelihood	−148.132					
LR chi2（26）	41.40					
Prob > chi2	0.028					
Pseudo R^2	0.123					

注：*、**、***分别代表变量在 10%、5%、1% 的置信水平上显著。

模型 a 中，户主文化程度对契约选择有较为显著的影响，文化程度较高的户主选择定额现金契约的比率自然对数比分成合作契约平均高出 0.551 个单位，说明户主文化程度越高的农场户越愿意完全独立自主的从事农业经营。

模型 b 中，务工收入越高的农户越愿意选择分成合作契约且与预期一致，说明当务农的机会成本比较高时农户投入农业的努力程度相对较低，更愿意通过与其他人合作经营，从而分散风险；年龄对农户的选择也具有较显著的影响，年龄越大的户主选择定额实物契约的比率自然对数比分成合作契约平均减少 0.075 个单位。

在两个模型中，变量"是否有农地流转中介机构服务"，对于契约租金支付形式的选择具有显著影响且与预期一致，即当有农地流转中介机构服务时，选择定额现金契约和定额实物契约的比率自然对数比分成合作契约平均分别减少 1.535 和 1.951 个单位。

其他变量未通过显著性检验，但从影响方向来看，模型 a 中衡量缔约制度环境的 2 个变量影响与预期一致，即地权越不稳定农户越倾向于选择分成合作契约，当亲戚中有村干部时，可以降低不确定性，农户更有可能选择定现金契约；在模型 b 中，村干部的作用与预期相反，即亲戚中有村干部的农场户更愿选择定额实物契约；代表机会成本的 2 个变量在两个模型的影响方向与预期一致，即机会成本越高，农户选择分成合作契约的倾向就越大。资产专用性都未通过显著性检验，且影响方向与预期相反，即资产专用性越高农场户选择分成合作契约的可能性越大，可能原因：对大规模投资的风险分散需要超过了对交易成本的节约。

5.4　本章结论

农地流转契约的缔结及稳定性是家庭农场生成与运行的基础。中国特色的家庭农场是多个农户通过对其所拥有的农地产权的全部或部分交易而形成的新型经营主体，它的稳定性与个体的期望值又有很大关系，双方签约的必要条件是每位参与者理智的相信收获大于付出或至少得到对他而言是很有价值的东西。根据理论与实证分析的结果，本研究发现：

第一，交易属性对农场经营者的契约选择影响很大。交易双方的关系越紧密，农地流转发生的交易成本就越低，但契约的治理形式越趋于简单化，导致无法形成稳定有效的契约，而口头契约或无契约影响农场经营者的投资预期；反之，交易双方的关系越生疏，发生的交易成本越高，但交易双方往往订立正式的书面契约，有助于经营者的预期。

第二，定额契约与分成合作契约都会引起无谓损失。农地经营权的转让与风险的分配有很大关系，必须支付固定租金的家庭农场经营者要承担生产产出的风险，而农地的市场价值风险（农地质量下降、农地价格上涨的损失、农地非农使用的不可逆损失等）则要有农地所有者承担。那么，到底选择何种契约形式则取决于每种契约规制下所能为农场户带来的收益比较。一般来说，当产出分配的成本很小时分成合作契约更合适，反之，则宜选择定额租契约，因为分成合作契约降低了农场经营者对农地掠夺式经营导致农地价值下降的风险。实证分析表明，当有中介机构为交易双方提供有效的服务时，降低了契约缔结与执行的交易成本，农场经营者也更愿意选择分成合作契约。

第三，理论和实证都表明，农地产权的多重分割导致地权交易的委托代理关系复杂化，加剧了农地流转的交易成本，为保持地权稳定，农场经营者不得不花费较高的代价订立正式书面契约；农户家庭成员若能获得较高的务工收入，则会降低其投入农业生产的努力程度，反应在农地契约选择上则更愿意通过与他人合作订立非正式契约；地租衡量了农地的机会成本，地租越高农场经营者反而会选择订立正式书面契约，这也折射出农场经营者在农地流转契约谈判中处于弱势地位，为了使农地集中连片，不得不以较高地租进行邀约；农民的务农兴趣与个人在村庄中威信越高时，农场户选择签订正式书面契约的倾向就会增大，而年龄越大的农户更愿意订立非正式契约；从具体契约形式选择而言，文化程度越高的户主更愿意独立自主从事生产经营，倾向于选择定额契约；而年龄越大的户主越愿意选择定额实物契约，以降低经营风险。

第六章 基于 DEA 模型家庭农场运行效率的测度

6.1 问题提出

作为国家大力推进的一项农业制度创新，家庭农场在其生成后能否实现农业增效和农民增收的目标，何种规模的家庭农场最有效，不同规模、不同业务类型家庭农场的运行效率有多大差异，这需要来自广大农场户的经营实践检验。为此，本章将利用调查数据对这一问题进行回应。

根据第 2 章对家庭农场运行效率测度的综述，现有研究主要是运用数据包络分析法和随机前沿分析法对家庭农场的运行效率进行测度，且重点分析的是规模和效率的关系问题。本研究的不同之处在于：首先按照经营类别对所调查的家庭农场进行分类，然后利用 DEA 模型对各类家庭农场的效率进行分类测度，在此基础之上进行对比分析，以揭示各类家庭农场规模与效率、经营类别与效率、技术与效率之间的关系，最后明确各类家庭农场改进效率的可行途径。

6.2 研究方法

6.2.1 数据包络分析法

数据包络分析法（Data Envelopment Analysis，DEA）是一种基于多投入、多产出对多个决策单元的技术效率进行评价的典型非参数估计方法（魏权龄，2004）。该方法是由运筹学家 Charnes 等（1978）最先提出，并设定了基于规模报酬不变 CCR 模型，模型假设生产技术的规模收益不变，或者虽然生产技术规模收益可变但假设所有被评价决策单元（DMU）均处于最优规模的生产状态，即处于规模收益不变阶段，因此 CCR 模型得出的技术效率包含了规模效率的成分。Banker、Charnes 和 Cooper

（1984）放松了规模报酬不变的假定，提出了规模报酬可变的 BCC 模型，使得技术效率的计算不受规模效率的影响，能够测算出决策单元的纯技术效率与规模效率。DEA 具有适用范围广，原理相对简单的特点（成刚，2014）。它不需要设定具体的函数形式和特定的行为假设，有效地避免了因为错误的生产函数和非效率项分布形式带来的偏差（赵建梅等，2013；王文刚等，2012；李双杰和范超，2009；刘万利和许昆鹏，2011）。DEA 方法于 20 世纪 80 年代末被引入我国（魏权龄，1988），目前已在制造业、服务业、区域技术经济、农业等评价中进行了许多成功的应用。随着我国家庭农场的快速发展，用 DEA 方法对家庭农场效率进行评价也得到比较多的应用。

6.2.2　模型选择

为便于弄清要素投入可能存在的冗余，从而改进家庭农场的运行效率，本研究拟建立规模报酬可变投入导向的效率评价 BCC 模型。投入导向就是在产出既定的条件下，以各项投入可以等比例缩减的程度，据此来对无效率的状况进行测量。为更精确地测度效率，进一步在 BCC 模型中引入投入和产出的松弛变量，模型规划式如下：

$$
\begin{cases}
\min \theta \\
\sum\limits_{j=1}^{n} \lambda_j x_{ij} + s_i^- = \theta x_{ik} \\
\sum\limits_{j=1}^{n} \lambda_j y_{rj} - s_r^+ = y_{rk} \\
\sum\limits_{j=1}^{n} \lambda_j = 1 \\
\lambda \geqslant 0, i = 1,2,\cdots,m; r = 1,2,\cdots,q; j = 1,2,\cdots,n \\
s^+ \geqslant 0, s^- \geqslant 0
\end{cases}
\tag{6-1}
$$

式中，θ 代表效率值，取值范围为（0，1]；λ 为各决策单元 DMU（本研究指每个家庭农场）的线性组合系数；x 代表 DMU 的各项投入；y 代表产出；s^-，s^+ 分别为投入和产出的松弛变量。设目标函数的最优解 θ^*，$1-\theta^*$ 表示无效率程度，θ^* 越小，表示投入可以缩减的幅度越大，效率越低。

若 $\theta^* = 1, s^- = 0, s^+ = 0$ 表明被评价的 DMU 处于前沿面上，不存在技术无效状态。λ_j 的最优值可用来判别 DMU 的规模收益情况。若存在 λ_j^*（$j = 1$, $2, \cdots, n$）使 $\sum \lambda_j^* = 1$ 成立，则 DMU_k 为规模效益不变；若使 $\sum \lambda_j^* < 1$，那么 DMU_k 为规模效益递增，若 $\sum \lambda_j^* > 1$，那么 DMU_k 为规模效益递减。

6.3　样本说明、指标选取与描述性统计分析

6.3.1　样本说明

调研发现，有些规模种养户对于自己是不是家庭农场认知并不清晰。河南省 2014 年出台了《河南省示范家庭农场认定管理暂行办法》[①]，仅对达到省级示范性家庭农场的标准进行了界定，但对于未达到示范标准的其他规模种养户是否是家庭农场没有明确的界定。参照农业部 2012 年对家庭农场的统计调查条件[②]和本研究对家庭农场的定义，从 295 个样本中剔除了 22 个不符合家庭农场特征的单元（粮食种植面积<20 亩的农户），剩余样本数为 273 户。其中，以粮油种植为主的家庭农场数有 111 户、以瓜果蔬菜等为主的有 45 户、以规模养殖为主的有 37 户、以种养结合为主的有 80 户。

6.3.2　指标选取

根据家庭农场的生产经营特点，结合相关对家庭农场运行效率的前期

---

① 河南省省级示范家庭农场认定的规模标准：经营土地的流转年限不少于 5 年；从事粮油生产的土地面积集中连片 200 亩以上，设施蔬菜（含瓜果，下同）在 50 亩以上或露地蔬菜在 100 亩以上；种养结合型家庭农场的畜禽养殖标准为：生猪年出栏 500～5 000 头，奶牛常年存栏 50～300 头，牛年出栏 200～500 头，羊年出栏 500～3 000 只，蛋鸡常年存栏 10 000～50 000 只，肉鸡年出栏 50 000～100 000 只。

② 农业部对家庭农场的统计调查条件：农场经营者为农村户籍；家庭成员为主要劳动力；以农业收入为主；具有一定规模且相对稳定［粮食面积 50 亩，租期或承包期 5 年以上（一年两熟地区），或 100 亩（一年一熟地区）］；从事经济作物、养殖业或种养结合，应达到县级以上农业部门的认定。

研究，遵循指标的可控性及相关数据的可得性、准确性原则，本研究选取以下指标来衡量家庭农场的投入产出情况。

（1）投入指标

主要包括土地、资本、劳动力及其他消耗。土地投入（公顷）是指家庭农场每年实际种植或养殖的面积；资本投入（万元）是指家庭农场购置农业机械设备和建设的农业设施等形成的固定资产支出；劳动力投入[①]（万元），用家庭农场年均支付雇工的工资水平衡量；其他投入（万元），包括各种农业生产性消耗（农业生产过程中所消耗的化肥、农药、种子、水电、饲料、农机作业及水电费用支出）和农地年租金支出。

（2）产出指标

用家庭农场的年经营性总收入衡量。农业经营性总收入主要包括从事种植、养殖及其他农业经营性收入，不包括农业补贴、非农务工收入、利息等非经营性收入，以准确反映家庭农场的实际经营状况。四类家庭农场的样本投入产出统计指标值见表6-1。

表6-1 投入产出指标描述性统计

指标	粮食类（观测值111）		瓜果蔬菜类（观测值45）		规模养殖类（观测值37）		种养结合类（观测值80）	
	均值	V系数	均值	V系数	均值	V系数	均值	V系数
土地投入（公顷）	11.14	2.36	2.44	1.01	0.60	14.97	4.56	2.21
雇工投入（万元）	2.03	1.75	1.71	1.36	2.80	1.41	2.53	1.88
资本投入（万元）	9.23	1.08	6.09	0.98	5.18	2.26	11.55	1.35
生产性投入（万元）	9.81	1.79	5.95	0.91	21.81	1.76	12.74	1.61
年租金（万元）	11.04	2.35	1.92	1.33	0.32	2.18	4.15	2.65
年总收入（万元）	31.13	1.98	19.60	0.92	52.92	1.27	29.68	1.38

注：V离散系数＝标准差/均值。

① 家庭自有劳动力投入弹性很大，且家庭成员的农业劳动投入具有不计成本性，故本研究未将其纳入模型。此外，因部分家庭农场没有雇工，该项投入的指标值为0，deap 2.1软件无法处理要素投入为0的问题，为此，该指标在测度过程中本文进行了技术处理，即赋一个可视为0的极小值0.000 01

6.3.3　描述性统计分析

(1) 各项指标的集中趋势

统计数据显示（表 6-1），粮油类家庭农场的平均土地投入和年租金支出最大，分别为 11.14 公顷和 11.04 万元，其次是种养结合类为 4.56 公顷和 4.15 万元、瓜果蔬菜类为 2.44 公顷和 1.92 万元，而规模养殖类家庭农场的两项投入都最少，仅为 0.60 公顷和 0.32 万元；但规模养殖类家庭农场的平均生产性消耗和雇工投入最高，分别为 21.81 万元和 2.80 万元，其次是种养结合类的 12.74 万元和 2.53 万元、粮油种植类的 9.81 万元和 2.03 万元，瓜果蔬菜类的这两项投入最少，分别为 5.95 万元和 1.71 万元；各类农场所形成的固定资产均较少，其中种养结合类农场平均所形成的固定资产最多，达 11.55 万元，其次是粮油类的 9.23 万元和瓜果蔬菜类的 6.09 万元，而规模养殖类最少，仅有 5.18 万元，说明在当前制度安排下，农户对农场进行长期投资持谨慎态度。

从产出指标来看，规模养殖类农场的平均产值最高，达到 52.92 万元，其次为粮油类达 31.13 万元和种养结合类为 29.68 万元，而瓜果蔬菜类的年均产值最少，仅有 19.60 万元。

(2) 各项指标的离中趋势

根据离散系数（V），四类农场的投入产出指标离散程度都比较大。其中，规模养殖类土地投入离散系数最高为 14.97，其次是粮油类为 2.36 和种养结合类为 2.21，而瓜果蔬菜类最低为 1.01；各类农场对于雇工投入的离散程度差异比较接近，最高为种养结合类的 1.88，其次为粮油类的 1.75 和规模养殖类的 1.41，最低为瓜果蔬菜类的 1.36；瓜果蔬菜类农场的生产性投入的离散系数最小为 0.91，其他农场的离散系数值差异不大，约为 1.7；固定资产投入中，规模养殖类的离散程度最高为 2.26，瓜果蔬菜类最低为 0.98，其他两类比较接近，约为 1.1；种养结合类农场的年租金支出差异最大，离散系数达 2.65，瓜果蔬菜类最低为 1.33，其他两类约为 2.15。从产出指标来看，粮食类农场的产出离散程度最大，年产值离散系数为 1.98，而种养结合类的总产值离散系数最小，为 0.38；规模养殖类和瓜果蔬菜类的这两项指标差异不大。总体来看，瓜果蔬菜类的各项投入产出指标的离散程度最小，其他各类农场的各项指标离散程度均较大。

统计数据表明，不同经营类别的家庭农场对土地要素的投入存在较大差异，如规模养殖类农场的土地投入最少，但年均总收益却最高，说明土地规模并不是制约家庭农场发展的决定因素，农户通过在有限的土地上进行集约化经营也能实现规模经济；各类农场所形成的农业专用性固定资产较低，这在某种程度上反映出，由于存在不确定性因素，农场经营者缺乏对农业进行长期投资的信心；规模养殖类农场和种养结合类农场对雇工和生产性要素的消耗最高。

6.4 家庭农场运行效率的测度

本研究运用 deap 2.1 软件，建立基于投入导向的规模报酬不变的 CCR 模型和规模报酬可变的 BCC 模型，测算 273 个样本农场的纯技术效率、规模效率及综合效率，其中 CCR 模型测度规模报酬不变的综合效率（crste）、BCC 模型测度可变规模报酬，将 CCR 模型测度的效率值分解为纯技术效率（vrste）和规模效率（scale）。由于样本家庭农场的经营性质和类别不同，所投入的要素存在较大的差异，为避免这种不同对生产前沿面的影响，本研究按类别构建生产前沿面，分类测度家庭农场的运行效率。

一般而言，利用 DEA 模型对决策单元进行技术效率测度之前，要求决策单元的数量不少于投入和产出指标数量的乘积，同时不少于投入和产出指标数量的 3 倍（Cooper William，2007），即：

$$n \geqslant \max\{m \times q, 3 \times (m+q)\} \tag{6-2}$$

式中，n 为决策单元个数，m 为投入指标个数，q 为产出指标个数。对于本研究的各类样本农场而言，均已超过该标准。此外，通常情况下，运用 DEA 径向距离模型还需要检验投入与产出指标是否满足"同向性"假设条件，即投入量增加时，产出量至少不能减少。本研究运用 SPSS 18.0 软件，利用 Pearson 相关系数对各投入产出指标的相关性进行检验，检验结果（表 6-2）为：四类农场的各项投入指标与总收入指标之间的相关系数均为正，其中粮油类农场和种养结合类农场的各项投入产出指标均通过 1％水平上的双侧检验；瓜果蔬菜类中的土地投入指标与总收入之间的关系不显著，其他指标均通过 1％水平上的双侧检验；规模养殖类农场的土地投入、固定资产投入与总收入指标之间的关系不显著，其他指标均通过显著性检验。检验结果表明所选的各项投入产出指标满足了同向性要求。

表 6-2　四类家庭农场的投入指标与总收入的 Pearson 相关系数

类别	土地投入	劳动力投入	其他投入	固定资产投入
粮食类	0.974***	0.804***	0.983***	0.519***
	(0.000)	(0.000)	(0.000)	(0.000)
瓜果蔬菜类	0.202	0.543***	0.692***	0.440***
	(0.183)	(0.000)	(0.000)	(0.003)
规模养殖类	0.042	0.348**	0.839***	0.138
	(0.805)	(0.035)	(0.000)	(0.417)
种养结合类	0.650***	0.765***	0.875***	0.607***
	(0.000)	(0.000)	(0.000)	(0.000)

注：***、**分别表示变量在 1％和 5％显著水平上通过检验，括号内的值为实际显著性水平 P 值。

6.4.1　粮食种植类家庭农场运行效率的测度

经测算，粮食种植类家庭农场的平均综合技术效率为 0.618，纯技术效率均值为 0.781，规模效率均值为 0.781。从有效单元分布来看（图 6-1），粮食类家庭农场中综合有效率的决策单元有 12 家，仅占样本总数的 10.8％，且综合效率低于 0.6 的有 53 家，占 47.7％；纯技术有效的单元有 33 家，占 29.7％，纯技术效率低于 0.6 的有 27 家，占 24.3％；规模有效的单元有 12 家，占 10.8％，规模效率低于 0.6 的有 22 家，占 19.8％；呈规模报酬递增的有 63 家，递减的有 36 家，分别占样本量的 56.76％和 32.43％。说明样本中相当一部分农场的经营效率偏离了生产前沿面，在经营过程中存在投入冗余、效率损失的现象，且超过一半的样本可以通过扩大规模改进效率。

由于粮食类家庭农场的样本个数比较多，借鉴孔令成（2016）、刘维

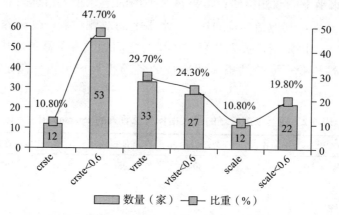

图 6-1　粮食类家庭农场的有效单元统计

佳（2009）等的做法，分别依据农场的经营面积和综合效率值进行分组统计，以揭示粮食类家庭农场的经营规模与效率之间的关系。

（1）按综合效率值分组

根据规模报酬不变的 CCR 模型测度的综合技术效率进行分组，观察样本家庭农场的效率区间与规模之间的关系，由表 6-3 可以看出，在（0，0.8）以内的 4 个效率区间，家庭农场的种植规模与效率表现出一定的相关关系，即随着经营规模的扩大，样本家庭农场的效率也增加；但在综合效率值较高的［0.8，1）区间内的 16 个家庭农场，其平均种植规模只有5.45 公顷，而 12 个综合有效单元的平均种植面积也只有 5.79 公顷。这表明种植规模并非越大越好，比较具有效率优势的经营规模在 5～6 公顷。

表 6-3　粮食类家庭农场的效率区间与经营规模

组别	效率区间	样本数（户）	种植规模（公顷）	标准差	最大值	最小值	drs 数
1	（0，0.2）	7	2.39	0.516	3	1.67	0
2	［0.2，0.4）	15	4.52	9.11	73.33	1.67	4
3	［0.4，0.6）	31	12.34	27.93	133.33	1.33	10
4	［0.6，0.8）	30	18.12	38.65	200	1.33	12
5	［0.8，1）	16	5.45	7.87	33.33	1.47	9
6	［1，1］	12	5.79	6.97	24.67	1.33	0

（2）按种植面积分组

①综合技术效率。根据规模分组发现（表 6-4），种植规模在 16.67～33.33 公顷以内的家庭农场综合效率均值最高，为 0.700，而 10～16.67 公顷和 1.33～3.33 公顷是综合效率最低的两个区间，效率值与最高值分别相差 11.2 和 11.8 个百分点，而其他各组的效率均值与最高值相差不到 5 个百分点，说明规模对家庭农场效率的影响有限。②纯技术效率。当经营规模达到较高的 16.67 公顷及以上时，样本家庭农场的纯技术效率均值最高，约为 0.89，而其他 4 个区间的纯技术效率差异不明显，说明规模较大的农场更注重引进和发挥农业技术的作用。③规模效率。规模效率的变化呈现出先递增而后递减的趋势，其中规模效率最高的区间在 3.33～6.67 公顷，且经营规模超过 6.67 公顷后呈递减，说明粮食类家庭农场的运行效率随规模扩大有递减的趋势。从综合有效单元的分布来看，除 33.33～200 公顷区间内无决策有效单元外，其他 5 个规模区间内都有决策有效单元，这表明在任一规模区间内，家庭农场都有实现有效率生产的可能，而并非经营规模越大就越有效，效率更多受到经营规模以外其他因素的制约。

表 6-4 按种植规模分组粮食类家庭农场的效率状况

组别	规模区间（公顷）	样本数（户）	综合效率		纯技术效率		规模效率		综合有效单元（%）
			均值	<均值数	均值	<均值数	均值	<均值数	
1	[1.33，3.33)	62	0.588	31	0.780	27	0.736	23	8.1
2	[3.33，6.67)	22	0.668	11	0.728	12	0.911	6	18.2
3	[6.67，10)	6	0.693	2	0.765	3	0.890	2	16.7
4	[10，16.67)	5	0.582	3	0.716	2	0.793	3	20.0
5	[16.67，33.33)	7	0.700	3	0.886	4	0.789	3	14.3
6	[33.33，200]	9	0.614	3	0.888	3	0.687	4	0.0

6.4.2 瓜果蔬菜类家庭农场运行效率的测度

经测算（表 6-5），瓜果蔬菜类农场的综合效率均值为 0.597，纯技术效率均值为 0.760，规模效率均值为 0.779。其中，决策综合有效单元和规模有效单元各有 10 个，占样本总数的 22.2%；纯技术效率有效单元有 17 个，占 37.8%；呈规模报酬递增的单元有 28 个，递减的有 7 个。由此可见，样本农场的综合效率值比较低，62.2% 的瓜果蔬菜类农场可通过扩大规模或改进技术增进经营效率。

根据经营规模分组统计发现：①综合效率。经营规模在 2.67～3.33 公顷的瓜果蔬菜类家庭农场的综合效率均值最高，而在经营规模最大的区间 6～13 公顷综合效率均值最低，仅为 0.308；样本中有 60% 的经营规模在 2 公顷以下，且在该区间内综合有效单元有 8 家，占到决策有效单元总数的 80%；当经营规模超过 4.67 公顷及以上时，综合效率值相对其他各组偏低。以上说明对于瓜果蔬菜类家庭农场而言，规模对效率的影响也无明显规律性，规模并非越大效率越高，效率更多取决于规模以外的其他因素。②纯技术效率。规模在 2.67～3.33 公顷以内的纯技术效率最高，均值为 1；而在 4.67～13 公顷区间内的纯技术效率最低，均值仅为 0.441，与其他组别相差较大。说明纯技术效率差异是导致规模较大的瓜果蔬菜类农场效率低下的主要方面。③规模效率。规模效率最高是第 4 组即规模在 2.67～3.33 公顷的家庭农场，而在 4.67～13 公顷区间内（包括第 6 组、第 7 组和第 8 组）的家庭农场其规模效率均值除小于第 4 组外，比其他各组的规模效率都高。说明规模不是导致经营无效的主要方面。

表 6-5 按种植规模分组瓜果蔬菜类家庭农场的效率状况

组别	规模区间	样本数（户）	综合效率	纯技术效率	规模效率	综合有效单元（%）
1	[0.67，1.33)	16	0.714	0.912	0.770	37.5
2	[1.33，2)	11	0.521	0.716	0.697	18.18
3	[2，2.67)	6	0.546	0.740	0.753	0
4	[2.67，3.33)	2	0.984	1.000	0.984	50
5	[3.33，4.67)	1	0.750	0.975	0.770	0
6	[4.67，5.33)	1	0.303	0.328	0.924	0
7	[5.33，6)	4	0.542	0.580	0.929	25
8	[6，13]	4	0.308	0.414	0.795	0
总计		45	0.597	0.760	0.700	22.2

注：样本中规模在 2 公顷以下的占到了 60%，故采用非等距分组将样本农场根据种植规模划分为 8 组。

6.4.3　规模养殖类家庭农场运行效率的测度

经测度（表 6-6），养殖类家庭农场的综合效率均值为 0.496，纯技术效率均值为 0.756，规模效率均值为 0.647。其中决策有效单元仅有 6 个、纯技术有效单元 12 个、规模有效单元 6 个，分别占样本的 16.23%、32.43% 和 16.23%；呈规模报酬递增有 29 个，占样本的 78.38%。与其他各类农场相比养殖类家庭农场的土地投入要素比较少，平均只有 0.6 公顷。

表 6-6　按养殖面积分组规模养殖类家庭农场的效率状况

组别	规模区间（公顷）	样本数（户）	综合效率		规模效率		纯技术效率	
			均值	有效比（%）	均值	有效比（%）	均值	有效比（%）
1	[0.13~0.32]	13	0.594	23.08	0.646	53.85	0.914	23.08
2	[0.33~0.66]	13	0.413	15.38	0.594	30.77	0.649	15.38
3	[0.67~0.99]	6	0.486	16.67	0.622	16.67	0.787	16.67
4	[1.00~1.32]	2	0.417	0.00	0.902	0.00	0.466	0.00
5	[1.33~2.67]	3	0.505	0.00	0.754	0.00	0.671	0.00
	总计	37	0.496	16.22	0.647	32.43	0.756	16.22

研究表明：各组养殖类家庭农场的综合效率都比较低，均值仅为 0.496。其中综合效率最高的是养殖面积在 0.13~0.32 公顷的农场，效率值为 0.594；其次是 1.33~2.67 公顷的农场，效率值为 0.505；再次为 0.67~0.99 公顷的农场，效率值为 0.486；而规模在 0.33~0.66 公顷和 1.00~1.32 公顷的农场效率值更低，分别为 0.413 和 0.417。而技术效率排在前 3 位的农场分别是养殖面积为 0.13~0.32 公顷的农场、0.67~0.99 公顷的农场和 1.33~2.67 公顷的农场，纯技术效率值分别为 0.914、0.787 和 0.671。由图 6-2 可知，规模效率最大的第 4 组，纯技术效率却最低，从而降低了综合效率，说明该组重点应通过改进技术水平提高效率；纯技术效率最高的第 1 组，规模效率比较低，仅为 0.646，说明该组重点应通过扩大规模提高效率。

总体而言，养殖类家庭农场的效率普遍较低。其中经营规模较小的农

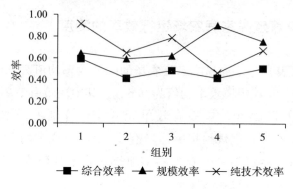

图 6-2　不同养殖面积家庭农场的效率分布

场应重点通过扩大规模，优化资源配置，改进运行效率；规模较大的家庭农场应更注重养殖技术的改进，提高运行效率。

6.4.4　种养结合类家庭农场的运行效率测度

经测算（表 6-7），80 个种养结合类家庭农场的综合效率均值为0.542，纯技术效率均值为 0.654，规模效率均值为 0.831。其中综合有效决策单元有 12 个、纯技术有效单元 27 个和规模有效单元 14 个，分别占样本的 15%、33.75%和 17.5%；呈规模报酬递增的农场有 29 个、呈递减的有 36 个，分别占样本的 35%和 45%。为了便于对不同种养规模的家庭农场进行比较，本研究将种植规模与养殖数量进行无量纲化处理[①]，然后根据规模值对样本农场的效率值进行分组。

统计发现（表 6-7），种养结合类家庭农场效率最低的 3 个区间分别为种养规模在 40.1~50 的农场、60.1~70 的农场和 10 及以下的农场，效率值分别为 0.131、0.437 和 0.451；而综合效率值排在前 3 位的依次是50.1~60 的农场、20.1~30 的农场和 30.1~40 的农场，效率值分别为0.755、0.710 和 0.619。纯技术效率排在前 3 位的农场分别为：种养规模在 70 以上的农场、50.1~60 的农场和 20.1~30 的农场，纯技术效率值

---

① 规模值计算办法：根据养殖品种的市场价值及种植作物的价值进行折算，即规模值按家禽养殖数量/1 000、肉猪或羊数量/10、牛的实际头数、粮食种植亩数/10 后相加而得。

分别为 0.810、0.791 和 0.733。规模效率排在前 3 位的农场分别是 20.1～30 的农场、50.1～60 的农场和 30.1～40 的农场。从综合有效单元的分布来看，分布区间比较分散，但规模值在 40 及以下的 4 个区间内有效单元随着规模的扩大而增加，而规模值过 40 后有效单元减少。

表 6-7　种养结合类家庭农场的规模与效率分布

组别	规模区域（公顷）	样本数	综合效率		纯技术效率		规模效率	
			均值	有效比（%）	均值	有效比（%）	均值	有效比（%）
1	10 及以下	36	0.451	5.56	0.586	25.00	0.781	8.33
2	[10.1～20]	14	0.603	21.43	0.681	42.86	0.893	21.43
3	[20.1～30]	6	0.710	33.33	0.733	33.33	0.963	50.00
4	[30.1～40]	6	0.619	33.33	0.672	50.00	0.894	33.33
5	[40.1～50]	1	0.131	0.00	0.205	0.00	0.637	0.00
6	[50.1～60]	5	0.755	20.00	0.791	60.00	0.960	20.00
7	[60.1～70]	2	0.437	0.00	0.511	0.00	0.875	0.00
8	70 以上	10	0.598	20.00	0.810	40.00	0.752	20.00
	总计	80	0.538	15.00	0.654	35.00	0.831	17.50

由图 6-3 可以看出，不同组别的种养结合类家庭农场，效率值波动也比较大，效率值比较高的组别分别是第 3 组和第 6 组，即种养规模在 20.1～30 的农场和 50.1～60 的农场；第 5 组的效率值最低。

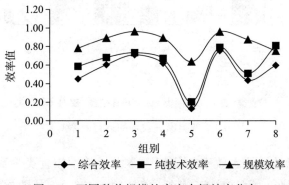

图 6-3　不同种养规模的家庭农场效率分布

研究表明，规模在 50～60 的农场平均效率最高，且仅有 1 个农场综合效率低于均值 0.755，说明该区间内样本农场的经营效率比较稳定；家庭农场的规模具有适度性，并非越大越有效。在任何规模区间内，只要农户能将资源与规模匹配都可以实现有效的生产。

6.4.5 四类家庭农场运行效率的对比分析

（1）四类家庭农场运行效率的差异对比

从图 6-4 可以看出，四类家庭农场的综合效率值整体比较低，粮食类家庭农场综合效率均值最高，但也仅有 0.618，而其他类家庭农场的综合效率均低于 0.6，其中规模养殖类农场的综合效率均值最低，仅有 0.486。从有效单元比看，瓜果蔬菜类农场的综合有效单元比例最高，达到 22.2%；粮食类最低仅有 10.8%，可见多数家庭农场处于经营无效状态。从综合效率均值比较来看，粮食类家庭农场比较具有效率优势的经营规模在 5～6 公顷；瓜果蔬菜类家庭农场较为有效的经营规模在 2.67～3.33 公顷；养殖类家庭农场综合效率最高的是养殖面积在 0.13～0.32 公顷的农场；而种养结合类比较有效的规模区间位于规模值为 50～60 的农场。

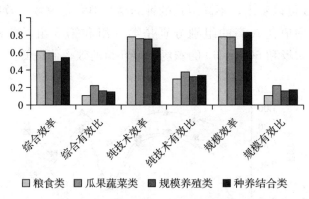

图 6-4　四类家庭农场的运行效率对比

各类农场的纯技术效率均值相差不大，其中粮食类最高，为 0.781，种养结合类最低，为 0.654，其他两类均为 0.76；但从纯技术有效单元分布看，粮食类农场的纯技术有效单元比最低，而瓜果蔬菜类和种养结合类最高。反映出瓜果蔬菜类和种养结合类农场无效率的原因更多是由规模无效引起的，而粮食类家庭农场无效的原因主要是由技术无效引起的。

从规模有效性来看，种养结合类家庭农场规模效率最高，超过 0.8，而养殖类家庭农场的规模有效值最低，其他两类家庭农场的规模有效值基本相等；但从规模有效单元的分布来看，瓜果蔬菜类农场的有效单元比最高，粮食类的最低，其他两类基本相同。总体来看，各类家庭农场的纯技术有效单元都比规模有效单元比高，说明各类家庭农场的经营规模与农户的资源禀赋匹配的不够合理，规模过大或过小都对家庭农场的经营产生不利影响。

（2）四类家庭农场运行效率差异的显著性检验

为更准确衡量经营类别与效率之间的关系，本研究利用 Exell 软件构造 F 统计量，采用方差分析法进一步检验在 1‰ 的显著水平下类别对家庭农场运行效率的影响。提出如下形式的假设：

H_0：$\mu_1 = \mu_2 = \mu_3 = \mu_4$　类别对家庭农场的运行效率没有显著影响

H_1：μ_i（$i=1$，2，3，4）不全相等　类别对家庭农场的运行效率有显著影响

其中，μ_i 为 4 个类别家庭农场综合效率的均值。从方差分析表（表 6-8）可以看到，由于 F＝45.372 83＞$F_{0.01}$（3，269）＝3.855 218，所以拒绝原假设，表明经营类别对家庭农场的经营效率影响是显著的。由类别与经营效率之间的关系强度指标 R^2＝SSA/SST＝33.60%，表明经营类别对家庭农场运行效率的差异解释比例达到 33.60%，而残差效应占 66.40%。

表 6-8　四类家庭农场运行效率比较的方差分析

差异源	误差 SS	自由度 df	均方 MS	F 统计量	显著水平 P	F 临界值
组间	147.745 7	3	49.248 56	45.372 83	9.25E-24	3.855 218
组内	291.977 9	269	1.085 42			
总计	439.723 5	272				

方差分析要求样本数据满足等方差和正态性假定，为验证方差分析的可靠性，进一步采用非参数检验法 K-W（Kruasal-Wallis）代替单因素方差分析，该方法用于检验多个总体的分布有无显著差异。基本思想是：将多个样本数据混合并按升序排序，求出各个变量的秩，以考察各组秩的均

值是否存在显著差异（薛薇，2006）。若各组的秩存在显著差异，则认为多个总体的分布有显著差异。与方差分析的方法相似，各组秩总变差的来源分别是由组间差和组内抽样差引起，由此构造 K-W 检验统计量，即：

$$K\text{-}W = (N-1) \times 秩的组间离差平方和/秩总离差平方和$$

利用 SPASS 软件进行检验，结果见表 6-9。根据检验结果可知，四类家庭农场效率值的平均秩分别为 129.288、235.911、98.432 和 109.9，K-W 统计量的值为 90.087，概率 P＝0.000，远小于显著性水平 α＝0.05，因此拒绝原假设，即不同类家庭农场效率的平均秩差异是显著的，总体分布存在显著差异。

表 6-9　四类家庭农场效率值分布的 Kruskal-Wallis 检验

类别	样本数	秩均值
粮食类	111	129.288
瓜果蔬菜类	45	235.911
规模养殖类	37	98.432
种养集合类	80	109.900
K-W 统计量	90.087	
渐近显著性	0.000	

（3）四类家庭农场投入产出指标的松弛量对比

由表 6-10 可知，四类家庭农场在各项投入指标上均存在投入过多的单元，其中劳动投入存在松弛的单元最多，占到总体的 39.93%；其次为资本投入和其他要素投入，分别占到 24.54% 和 19.41%；土地投入存在松弛的单元最少，占 12.09%。从类别来看，粮食类家庭农场仅有 3 个单元存在土地冗余问题，但其他各类要素投入存在松弛的单元个数均在 30% 以上；瓜果蔬菜类家庭农场在资本投入和劳动投入上存在松弛的单元个数较多，分别占到 31.11% 和 28.89%；相对其他两类家庭农场而言，规模养殖类家庭农场和种养结合类家庭农场均在劳动投入上存在大量的松弛单元，分别占到 43.25% 和 45%，并且在土地投入指标上也比其他两类农场存在松弛的单元个数多，分别占到 21.62% 和 18.75%，但在生产性消耗等其他投入上比另外两类农场的松弛数少，仅有 5.41% 和 6.25%。

表 6-10 四类家庭农场要素投入存在松弛的单元统计

投入指标	总冗余		粮食类		瓜果蔬菜类		养殖类		种养结合类	
	个数 (个)	总占比 (%)	个数 (个)	组占比 (%)	个数 (个)	组占比 (%)	个数 (个)	组占比 (%)	个数 (个)	组占比 (%)
土地投入	33	12.09	3	2.70	7	15.56	8	21.62	15	18.75
劳动投入	109	39.93	44	39.64	13	28.89	16	43.24	36	45.00
其他投入	53	19.41	36	32.43	10	22.22	2	5.41	5	6.25
资本投入	67	24.54	39	35.14	14	31.11	5	13.51	9	11.25

根据各类家庭农场投入产出指标的平均松弛量（图 6-5），种养结合类和规模养殖类家庭农场平均产出松弛量较高。各项投入指标中，土地投入平均冗余由高到低分别为种养结合类、规模养殖类、瓜果蔬菜类和粮食类的家庭农场；劳动投入的平均冗余中规模养殖类家庭农场最高，瓜果蔬菜类最低，其他两类比较接近；其他投入的平均冗余量仍是规模养殖类家庭农场最高，其次是粮食类、瓜果蔬菜类及种养结合类；固定资产平均冗余量最高的是粮食类家庭农场，其次是瓜果蔬菜类，其他两类比较接近。

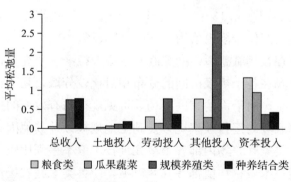

图 6-5 四类家庭农场的投入产出指标平均松弛量对比

松弛分析表明，总体上超过 1/3 的农场可以通过减少雇工投入提高效率。此外，超过 30% 的粮食类家庭农场可以减少资本投入和生产性消耗等其他投入提高效率；超过 30% 的瓜果蔬菜类家庭农场可以通过减少资本投入改进效率；与其他类家庭农场相比，21.62% 的规模养殖类和 18.75% 的种养结合类家庭农场可通过进一步优化土地投入改进效率。由四类家庭农场的投入产出平均松弛量对比分析，发现四类家庭农场平均需要缩减的要素投入存在较大差异，其中规模养殖类家庭农场可以重点缩减其他投入和劳动投入；粮食类家庭农场可以重点缩减资本投入和其他投入，瓜果蔬菜类可以重点缩减资本投入等。

6.5　本章结论

本章运用 DEA 模型，分别对四种类型家庭农场的运行效率进行了测算和分析，主要结论如下：

第一，各类家庭农场的整体运行效率偏低。四类农场综合效率值均都在 0.62 以下，可见要素投入存在相当大的冗余、资源浪费及效率损失。

第二，经营规模和效率之间并不存在正相关关系。研究发现，较小的土地规模亦能达到较高的效率水平，创造较高的产值，土地规模并非是发展家庭农场的硬性约束，农户可以通过集约化利用土地发展规模养殖和瓜果蔬菜等项目。尽管规模大小与效率没有必然关系，但统计也发现：粮食类家庭农场比较具有效率优势的经营规模在 5～6 公顷；瓜果蔬菜类家庭农场较为有效的经营规模在 2.67～3.33 公顷；养殖类家庭农场综合效率最高的是养殖面积在 0.13～0.32 公顷的农场；而种养结合类家庭农场相对有效的规模区间位于规模值为 50～60 的农场。

第三，不存在具有普适性的家庭农场规模标准。研究发现，综合决策有效的家庭农场在各个规模区间的分布相对比较分散，几乎在每个规模区间内都有位于生产前沿面的家庭农场，可见规模与有效率的生产并没有必然关系，家庭农场的运行效率更多受到土地规模以外其他因素的影响。

第四，各类家庭农场内部各个单元纯技术效率差别比较大。尽管各类家庭农场的纯技术效率均值都在 0.8 以下，与各类家庭农场规模效率均值相差不大，但各类家庭农场的纯技术效率有效单元的比例却明显高于规模有效单元的比例，说明在各类家庭农场内部，各单元的纯技术效率变差很大，反映出农场经营者的经营管理能力和农业技能水平的差异对经营效率具有显著影响。

第五，经营类别对家庭农场的运行效率具有显著影响。土地资源对规模养殖类和瓜果蔬菜类家庭农场的发展约束性不强，农户能以较少的土地投入通过发展规模养殖和设施蔬菜等项目实现更高的产值。种养结合类家庭农场可以实现资源互补，能有效缓解农业生产的季节性对生产经营的影响，实现常年都有收入流。

第六，研究发现，四类家庭农场之间投入产出指标的平均松弛量存在较大的差异，均可以通过重点减少投入冗余过多的要素实现效率的提升，其中种养结合类家庭农场可以通过适度减少土地投入改进效率，粮食类家庭农场和瓜果蔬菜类家庭农场可以适当减少固定资产投入，规模养殖类家庭农场可以重点优化生产性消耗等投入。

第七章　家庭农场运行效率的影响因素分析：制度结构视角

结构决定组织的功能与绩效，结构不稳定就不能使主体产生稳定的经营预期。一项制度安排总是嵌在制度结构中，其功效取决于其他制度安排的完善与协调程度，某项制度安排不均衡意味着整个制度结构失衡（阮文彪和杨名远，1998）。作为一种制度，家庭农场的发展必然受制于特定的制度环境。在第 6 章中，本研究运用数据包络分析法测度了家庭农场的运行效率，但该方法只解决了同类决策单元的相对效率评价，主要考虑了可控因素对家庭农场运行效率的影响，未考虑制度环境等不可控因素对效率带来的影响，还需要进一步分析这些因素对决策单元运行效率的作用。

本章结构安排：第一部分，问题提出，阐明本章研究的切入点及所用方法；第二部分，运用制度结构理论深入阐释家庭农场的制度结构体系；第三部分，根据制度场域内各个契约关系人对家庭农场运行的可能影响，提出研究假说、选择指标变量及阐明预期影响；第四部分，理论模型构建及样本数据说明；第五部分，实证模型构建与结果讨论；第六部分，本章结论。

7.1　问题提出

在已有为数不多的对国内家庭农场运行效率研究中，学者主要运用 DEA-Tobit 两阶段分析法和随机前沿 SFA 分析法进行了测度与分析。曹文杰（2014）运用 DEA-Tobit 两阶段分析法，从资源和经营行为视角，分析了影响山东省家庭农场经营效率的主要因素，研究发现，从业人员素养、技术与管理手段的运用和创新及经营方式对家庭农场的效率影响显著；高雪萍和檀竹平（2015）运用同样的方法，从技术环境特征、政策支持特征、经济环境特征及户主个人及家庭特征方面分析了影响粮食家庭农场经营效率的主要因素，发现土地流转成本、家庭劳动力人数、农机数量等对效率具有显著的影响；而曾玉荣和许兴文（2015）则运用 SFA 模型将导致生产无效的因素纳入模型，包括人均耕地面积、品牌影响、家庭农场主特征及家庭农场技术因素，测度与分析了家庭农场的经营效率及制约因素，发现新技术的采用能大幅度提高效率。孔令成和郑少锋（2016）将 DEA 和 SFA 两种方法进行有效揉合，采用三阶段 DEA 法对家庭农场的经营效率进行了测度，并从农场主年龄、文化、农田块数、非农就业率、土地流转费用等 8 个环境变量角度分析了影响因素，发现农场主文化程度及种粮补贴能够显著提高经营效率。

新制度经济学开始利用制度因素来解析组织的经营绩效。North（1990c）结合人类行为理论与交易成本理论，指出制度是决定长期经济绩效的根本因素。Williamson（1979）指出规则结构或制度安排在决定一个经济单位的行为和效率中起着关键的作用。本研究与以往研究的不同之处在于，以家庭农场的运行效率为研究对象，仍采用比较成熟的 DEA-Tobit 两阶段分析法及 OLS 法，但从家庭农场的制度结构视角，以制度场域内各个契约关系人之间形成的契约关系为解释变量，分析影响家庭农场运行效率的制约因素。

7.2　家庭农场的制度结构场域

契约论认为，制度是公民经过多次博弈而达成的某种契约形式或契约关系（汪丁丁，1992b）。马克思主义经济学将经济制度归结为人们在长期生产实践中形成的人与人之间的经济关系，以及与这种关系相适应并维护这种关系的社会机构和规则的确立过程，其本质就是在社会分工协作体系中不同集团、阶层和阶级之间的利益关系（林岗和刘元春，2000）。组织作为一个人格化的人群集合体，不仅组织内部有着人与人之间的各种经济关系，而且也必然与外部发生各种经济关系，而每一种经济关系或契约关系的形成都需要花费一定的时间和资源作为代价。契约关系是家庭农场的基础，家庭农场通过与农地所有者、政府相关组织、村级集体经济组织、雇工、合作经济组织、农资供应商、农产品销售商等主体产生要素、劳务或商品的交易，形成广泛的契约关系，而这些契约关系人之间的相互

作用共同构成了家庭农场的制度场域（图 7-1）。埃尔·布迪尔等（Bour-
dieu，1992）指出，根据场域来思考就是从关系的角度来思考。存在于关
系之中是所有事物的共同特征，本质上家庭农场具有企业合约的性质，其
发展离不开契约关系人的支持，其运行效率在很大程度受制于制度结构内
各个契约主体之间的交易合作关系。从家庭农场应满足的制度结构特点及
承担的功能要求角度，家庭农场的运行至少受三个层面制度结构场域内的
契约关系约束：家庭农场的产权制度、家庭农场的交易制度、家庭农场的
管理制度。其中产权制度是核心与基础，交易制度与管理制度是家庭农场
发挥功能的保障。

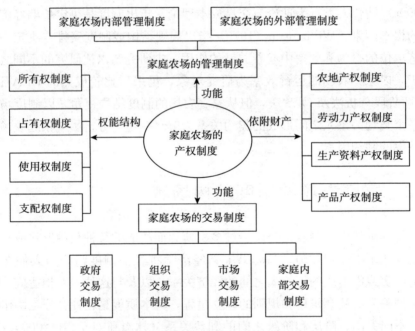

图 7-1　家庭农场运行的制度结构场域

7.2.1　家庭农场的产权制度

产权制度是任何微观组织制度结构中最重要的制度。产权对于个人权
益的详细规定决定了成本和报酬将怎样在组织的参与者中间分配（Jenson

and Willianm，1976)。家庭农场的产权制度也就是关于家庭农场及农民家庭财产权的划分、界定、保护和运行的一系列规则，它使农民家庭的产权关系得以"制度化"或"规则化"，决定成本与报酬的分配。根据产权的权能结构，可以将家庭农场的产权结构进一步分为所有权制度、占有权制度、支配权制度和使用权制度。具体根据财产类别不同，还可以将家庭农场产权进一步分为农地产权制度、劳动力产权制度、非土地财产权制度等。其中农地产权制度是根本，它是制约家庭农场运行的关键因素。

由于我国农地产权制度的特点，家庭农场的产权制度也必然要涉及村集体、转包农户、农场经营者三者之间关系的协调。从所有权来看，农村土地归农村集体经济组织所有，一般由村民委员会等村级组织代表行使所有权，对土地进行分配、调整及出售，但实际上农村土地的出售决定权在政府部门；从经营权主体看，农民拥有的是集体土地的承包经营权即通过承包方式获得的经营权，而家庭农场经营者还要通过普通农户以转包等方式获得土地的使用权。

在现行的土地制度下，家庭农场完全通过市场自发交易的方式获得土地使用权面临着交易成本过高的问题，且也不容易集中连片。实践中，各地也出现了"土地银行""土地信托""土地流转合作社"等土地流转中介服务结构，农户只需与中介机构交易就能获得土地，虽提高了土地流转的效率，但由于农户地块的分散性和农户行为特征的复杂性，农地集中连片困难。通过行政模式强制推进农地流转有可能违背农民的意愿，损坏农民的权益。如何解决与协调农地流转中的这些问题，需要新的产权制度设计。家庭农场根植于农村社区，政府强制力量和内部自发交易都很难解决问题，制度设计应充分发挥基层组织的中介力量，在条件具备后，由社区内农户自下而上的自发需求和国家自上而下的政策引导相结合共同推进家庭农场的制度创新。这里的条件主要是指社区外部的经济条件，包括教育水平的不断提高，城镇化就业不断上升；社区内部的环境条件，如基础设施的便利性、村级集体组织的公信力、治安环境等，这是家庭农场能否顺利发展的社会环境基础。在此基础上，新农地产权制度的切入点仍是稳定土地承包关系，把农户对土地具体的承包关系改变为收益权，将农户作为集体成员所有享有的权益价值化（夏柱智，2014a；桂华，2016b)。把农民的地权虚拟化，强化农村土地集体所有的权能与农民的收益权能，由村级基层组织把农地收回统一管理，在政府财政支持下，完善农业基础设施后，对本村符合条件的农户进行公开招标，配置耕地资源，形成适度规模的家庭农场。如上海松江区农场发展模式就与此类似，采取农户委托村委会流转的方式，将农民手中的耕地流转到村集体；土地流转到村委后，由区政府出面将耕地整治成高标准基本农田，再将耕地发包给承租者；农地转出户根据手中土地收益权获得稳定的租金收入，承租户可以获得集中联片的农田，土地的流转成本和生产效率都得到了提高。

7.2.2 家庭农场的交易制度

"交易"的概念包括交换和契约。交换是资源产权的交换，它不涉及承诺或潜在未来的责任，契约则是对未来履行所做的承诺（威廉姆森，1988）。故任何交易都涉及契约关系，交易的进行总是受契约约束，或者说，交易总是有某种合约的支持，否则，交易就不能完成或顺利进行。家庭农场的产权经初始界定后，为进行交易，尚须根据产权的性质作出具体的交易契约安排，才能保证产权交易的正常进行。

家庭农场的交易制度是在产权初始界定的前提下为完成交易而对产权中的各项权能在不同当事人之间所作的进一步细化或重新界定。家庭农场的交易根据交易对象性质的不同，可以分为与政府的交易、与家庭成员之间的交易、与市场的交易及与农民自组织等的交易。不同的交易要求有不同的制度，以协调人与人之间的利益冲突，保障交易的顺利进行，实现分工和专业化的潜在收益或交易的"合作剩余"（阮文彪，2005a）。因而也就有相应的四大类制度。

（1）家庭农场的政府交易制度

可被理解为农民家庭与政府之间的合约安排，而政府作为国家"代理人"的性质决定了这类合约安排具有强制性和不可调整性的静态特征（阮文彪，2005b）。交易的内容涉及农业专项资金的发放与使用、农业项目的立项与实施、各种财政惠农资金的使用等，农业经营者要获得这些支持必须与政府部门进行交易，达成契约，并按契约中规则的要求从事生产经营活动，否则就得到不到这些支持，故政府的交易制度带有明显的公益性和强制性。在政府与家庭农场的交易制度中，政府是供给者，家庭农场等主体是需求者，国家从农业承担的公益职能角度出发，中央政府和各地政府出台了一系列的惠农政策，包括农业补贴政策、政策性农业保险政策及税收优惠政策等三个方面，但农户对于这些政策的熟识度比较差，许多农场经营者并不知道获取这些优惠的途径和条件。调研发现，相当一部分农场经营者对于如何获得补贴并不清晰，且对家庭农场、种粮大户的各种补贴往往都流向了土地转出户，因此，政府与家庭农场的交易关键在于加大宣传力度，提高政策的透明度，让农场经营者知道交易的程序，并加强对家庭农场等主体的经营监管。如上海松江家庭农场发展模式，松江区为家庭农场的发展设置了一系列的政策规定，如设立了严格的准入和退出机制；规范土地流转机制；根据国家种粮补贴、粮食价格、生产效益等情况，实行浮动补贴机制，并严格对家庭农场的考核。

（2）家庭农场组织的交易制度

家庭农场的组织交易制度是指农民家庭与其所在的中间体组织内部不同利益主体之间由权威规制的交易关系或合约安排。面对大市场，如何规避市场风险和自然风险，提高市场竞争能力，是每个家庭农场的必然选择。寻求合作与联合是重要的手段，各地在发展过程中，涌现出"家庭农场＋合作社""家庭农场＋家庭农场"即联户农场、"家庭农场＋科研机构、农技部门等"、"家庭农场＋村级服务组织"等多种契约联结模式（何郑涛和彭珏，2015b），提高了家庭农场的市场地位。但把农民有效组织起来并非易事，虽然我国合作经济组织近几年来发展迅猛，但真正按照《农民专用合作社法》规定创办的合作社却很少见，合作社在发展过程中逐渐演变成了强势农民或利益集团榨取政府优惠政策的组织，形式上是农民合作组织，实际上大部分是纯盈利的企业组织。原子化、趋利性的小农使合作的基础很不稳定，也无法对合作经济组织形成有效监管。家庭农场的出现使合作经济组织的发展有了规模基础，社员之间力量的制衡与博弈有助于形成稳定的合作契约关系，有利于真正意义上合作经济组织的形成与家庭农场的发展壮大。

（3）家庭农场的市场交易制度

指家庭农场与法律上平等的市场竞争主体之间的合约安排。家庭农场的市场交易主要涉及五类主体：①与土地转出户，通过谈判签订契约，支付租金，获得土地的使用权；②与农资供应商，解决生产物资的来源；

③与各类农产品需求客户，包括农产品加工企业、农产品批发市场、超级市场等终端客户；④与物流、农机等各类有偿服务组织；⑤与债权人，通过借贷解决资金短缺问题。市场的本质是逐利，手段是竞争与合作，家庭农场的经营绩效在于各类市场主体的合作与竞争关系，因此，规范与各类市场主体交易关系的形式与内容具有重要意义。那么交易制度设计的重点：一是便于家庭农场获得稳定的租地契约。二是解决家庭农场的生产物资供应，质优价廉是每一个农场的目标，这需要农场之间或农场与合作社之间进行联合，以获取联合大量采购的好处。三是实现销售联合或一体化经营，如现在快速发展的"农超对接、农企对接、农社对接"等合作模式，实现农产品的直销，降低了家庭农场寻找市场的费用与中间商对利益的瓜分。四是业务外包。充分利用第三方物流与农机服务组织等降低农场经营的固定投入。家庭农场可通过以下几种契约方式参与市场交易：①商品契约。家庭农场与企业签订产销合同，明确规定收购农产品的质量标准、价格、时间、结算方式等；家庭农场以土地使用权为标的与土地转出户直接签订契约，明确租金与期限。②要素契约。即家庭农场与农业企业的联结，企业承担按优惠价格提供生产资料、免费进行技术指导、提供信息、提供低息或无息贷款、及时上门收购产品等产前、产中、产后系列服务，还可以把生产资料定时定量先期发放给家庭农场，待产品回收时扣还款项。③中间契约。主要是指家庭农场与各类中间组织的合作与联合，如通过村委会等中介组织获得土地使用权，通过合作社、龙头企业等实现与市场的对接。④资本契约。一是由几个农户联合出资，购置固定资产，组建联合家庭农场，合作经营管理，形成关系紧密的利益共同体；二是家庭农场可向龙头企业参股，或龙头企业以股份形式向开发新项目的家庭农场投资，以资金为纽带建立家庭农场与农业企业之间较紧密的产业关系。

（4）家庭农场的内部交易制度

指家庭农场家庭成员之间的交易关系或交易制度，如财产继承、分家析产、家庭成员私有财产的内部界定保护、生产经营中的内部分工等方面的习惯或"家规"。尽管家庭成员之间具有利益及目标的认同感，无须监督，交易成本一般很低，但是当涉及家庭农场财产的继承与分割等问题时，契约达成的成本仍要付出很大的代价。此外，每个家庭都经历着一个大致相同的周期，即最初形成，接着扩大，最终分成几个部分，而每个部分又经历类似的周期或者完全消失。伴随着家庭周期的变化，农民家庭财产与家庭农场也经历着类似的周期。鉴于我国家庭农场土地产权制度的契约复杂性，家庭成员职业目标的异质性，我国家庭农场的代机传递和生命可持续性存在很大的疑问，农地产权的虚拟化或许能解决这一问题。

7.2.3　家庭农场的管理制度

家庭农场的管理，就是以家庭成员为主体，对农场的经济活动进行计划、组织、协调、指挥和控制的过程，目的是把劳动者、劳动手段和劳动对象科学地组织起来进行生产，追求利润的最大化。制度是保障经济组织可持续发展的坚实基础，实现家庭农场管理的制度化，不仅具有节约交易成本的作用，而且有助于家庭农场承担社会责任。家庭农场的管理制度根据目的和角度不同，可分为内部管理制度和外部管理制度。内部管理制度是家庭农场经营者为提高农场的经营效益而所做的一系列规则安排，如在成立之初应依法制定相应的管理章程，表明家庭农场的性质、经营宗旨、经营范围、资金来源、成员的权利与义务、财务核算的方法等内容。具体到各地实践要遵循当地家庭农场的认定及管理规范来制定家庭农场的管理章程，章程的制定使家庭农场的发展更加规范，权责明确，管理有的放矢，从而提高家庭农场经营效益。具体内部管理制度的制定应包括：财务管理制度、人员管理制度、营销制度、奖惩制度、收益分配制度及其他相关制度。

家庭农场的外部管理制度，主要是指政府对家庭农场的监管，即家庭农场承担社会责任的规范化、制度化。家庭农场的政府管理制度应当包括家庭农场认定报备制度、家庭农场分类档案制度、家庭农场信息化管理制度、经营者资格、经营规模、经营状况、土地经营权流转期限等跟踪监测制度、信息现代化建设制度、信息共享制度、家庭农场退出制度（何劲和熊学萍，2014）。此外，随着各地相关专门扶持政策陆续出台，为防止"挂名家庭农场"套取国家政策扶持资金，各地还应建立规范、有效、可操作性强的年检与审查制度，使家庭农场能在规范中稳步发展。

7.3 研究假说、指标选择及预期影响

根据上述对家庭农场的制度结构及场域内所涉及的契约关系人的理论阐释，以下分别从家庭农场的地权制度、交易制度及管理制度三个方面提出对家庭农场运行效率可能影响的假说，并设定衡量指标（表7-1）。

假说1：地权关系不稳定对家庭农场运行效率将产生显著的负面影响，而这种关系越稳定越有利于家庭农场的运行。

合适的产权安排，是通过稳定预期对人们经济行为施加影响，从而促进各主体的经济活动能够在可控的范围内开展。农地产权关系，指农地产权流转过程中与相关行动者（主要涉及村集体、土地转出农户等）所形成的契约规范，它是保证家庭农场经济绩效提升的基础制度。本研究选用第二轮承包期内农地承包权变更频次、农地流转关系两个观察项衡量，这两个指标反映了农场经营者与村集体、土地转出户之间的地权契约关系。其中村集体对农地承包权调整越频繁越不利于农场经营者形成长期稳定的经营预期，影响家庭农场的运行效率；而与农地转出户之间关系越亲密，农地流转的交易成本就越低，越有利于提高家庭农场的运行效率。

假说2：良好的交易合作关系可以有效降低家庭农场的运行成本，促进家庭农场运行效率的提高。

该制度场域内主要涉及与各类市场主体、政府组织、中介组织、债权人之间发生的契约关系。农场经营者通过与各类契约主体进行交易，获取交易收益，以使家庭农场能实现持续经营。①市场交易关系。主要指家庭农场与其他主体在进行农用物资、产品及服务交易时所形成的契约关系。本研究选择农场经营者与农资供应商、农产品销售商及农机服务商的关系紧密程度衡量。交易双方之间的关系越紧密，越有利于降低家庭农场经营的交易成本，改进运行效率。②政府交易关系。主要是政府组织对家庭农场的各种相关支持行为，本研究用政府部门对农业基础设施建设支持力度、各种农业补贴、农业技术培训三个观察项衡量。一般而言，家庭农场若能得到政府资源，将有助于降低经营成本，改进运行效率。③中介组织交易关系。运用中介组织提供的产前、产中和产后服务，可以有效规避家庭农场的短板，提高生产的专业化程度。本研究选择家庭农场是否加入专

业合作社、是否与农业研发单位有技术合作衡量。农场经营者若能获得中介组织提供的优质服务，将有助于家庭农场运行效率的提高。④雇工关系。选择农忙时农场每雇一名劳动力所需支付的日工资额衡量，日工资越高表明雇工难度越大。当家庭自有劳动力无法满足生产需要时，外来劳动力需求将增加，家庭农场若能够有效地雇佣劳动（经理人与农业工人），从而形成内部专业分工，将有助于改进家庭农场的运行效率。⑤债权关系。用农户是否获得金融机构贷款和从金融机构获得贷款的成本衡量。创办家庭农场需要大量的资金投入，若农户能从金融机构以较低的成本借入投资所需的资金，将大大缓解家庭农场的资本瓶颈，以防止资金周转不畅制约家庭农场的运营；而获得贷款需要额外支付的费用越高越不利于农户的贷款需求，从而制约家庭农场的运行。Pavel 等（2012）对欧洲家庭农场的研究发现信贷约束改善将极大提高农业全要素生产率。

假说 3：良好的内外管理有助于优化家庭农场的要素配置，从而提高其运行效率。

健全的管理制度是家庭农场生产要素充分发挥效率的重要因素，可分为内部管理和外部管理：①家庭农场的内部管理，本研究选择家庭农场对农机及设施等固定资产管理水平和是否经工商登记注册 2 个观察项衡量。农场经营者若能最大化农机及设施等的利用，平抑农业生产的季节性，将极大促进家庭农场运行效率的提高；经工商登记注册的家庭农场，具有营业执照、名称、组织结构代码、税务登记及开户银行等。蔡颖萍等（2015）的研究报告证明，经工商注册的家庭农场市场引领作用明显，经营管理比较规范，经营者的综合素质较好①。因此，本研究认为经过登记注册的家庭农场内部管理比较规范，比没有注册的家庭农场运行效率要高。②外部管理。用政府相关部门对家庭农场经营的监督与管理的力度来衡量。政府部门采用行政手段对家庭农场的运行进行有效的监管与指导，如规范家庭农场的认定标准，提供农产品需求信息，严格农产品质量监督检查，进行发展规划指导等，将有助于提高家庭农场的发展质量，减少盲目性，监管程度越高越有助于改进家庭农场的运行效率。

---

① 蔡颖萍：《家庭农场"法人化"问题研究报告》，见《2015 年中国家庭农场发展报告》，第 248 页。

表 7-1　模型中的变量定义与说明

类别	契约关系人	变量名称	变量定义	均值	标准差	预期方向
因变量		综合效率（Y1）	根据 DEA 测度的效率值	0.564	0.290	—
		经营净收益（Y2）	净收益＝总收入－各项支出	14.722	24.452	—
农地制度	村集体	地权变更频度（X1）	次数	2.25	2.01	—
	土地转出户	农地流转关系（X2）	按关系程度 1-5 级评分	3.67	1.20	＋
交易制度	农资供应商	农资供应关系（X3）	按关系程度 1-5 级评分	3.56	1.01	＋
	农产品销售商	农产品销售关系（X4）	按关系程度 1-5 级评分	3.39	1.04	＋
	农机服务商	农机服务关系（X5）	按关系程度 1-5 级评分	2.97	1.15	＋
	政府部门	农业基础设施支持（X6）	按支持力度 1-3 级评分	1.95	0.51	＋
		农业技术培训（X7）	次数	1.19	0.06	＋
		农业补贴（X8）	万元/户	0.83	3.37	＋
	中介组织	是否加入合作社（X9）	是＝1；否＝0	0.28	0.45	＋
		是否有技术合作（X10）	是＝1；否＝0	0.37	0.48	＋
	雇工	日工资（X11）	元/人/日	67.56	40.85	—
	债权人	贷款成本（X12）	很高＝5，较高＝4，一般＝3，较低＝2，很低＝1	3.73	0.94	—
		是否贷款（X13）	是＝1；否＝0	0.35	0.48	＋
管理制度	农场户	农机及设施管理（X14）	高效利用＝4，较有效利用＝3，季节闲置＝2，经常闲置＝1	2.60	0.79	＋
		是否注册（X15）	是＝1，否＝0	0.447	0.498	＋
	涉农监管部门	监管力度（X16）	很大＝5，较大＝4，一般＝3，较松＝2，无＝1	2.79	1.14	＋

注：按关系程度 1～5 级评分：紧密＝5，联系较紧密＝4，联系一般＝3，较少＝2，很少＝1；按支持力度 1～3 级评分：大力支持＝3，支持力度一般＝2，基本无支持＝1。

7.4　理论模型与样本描述

7.4.1　理论模型

（1）关于效率分析的理论模型

数据包络分析法（DEA）所测度的效率值一般都在大于 0 小于等于 1

的区间内，属于双边归并数据（censored data），即效率值的概率分布变成了由离散点与一个连续分布所组成的混合分布。如果使用 OLS 来估计，无论使用的是整个样本，还是去掉离散点后的子样本，都不能得到一致的估计，而 Tobit 回归模型能很好地解决这一问题，该模型是由托宾（Tobin，1958）第一个提出，采用极大似然估计法进行估计。根据上述理论假设及 Tobit 回归模型的一般形式，本研究将影响家庭农场运行效率的 Tobit 回归模型设定为：

$$\begin{cases} eff_i^* = \beta_{i0} + \sum_{j=1}^{16} \beta_{ij} X_{ij} + \varepsilon_i \\ eff_i = eff_i^* \quad if \quad 0 < eff_i^* \leqslant 1 \\ eff_i = 0 \quad if \quad eff_i^* < 0 \\ eff_i = 1 \quad if \quad eff_i^* > 1 \end{cases} \qquad (7\text{-}1)$$

式中，eff_i^* 为潜在的家庭农场运行效率；eff_i 为第 i 个家庭农场的综合效率值；X_{ij} 为该家庭农场的运行效率影响因素向量；β 为回归参数向量；ε_i 为独立的随机扰动项；$i=1$，2，$\cdots$，n 为样本家庭农场的个数，$j=1$，2，$\cdots$，16 为解释变量的个数；随机扰动项 ε_i：$N(0,\sigma^2)$。

（2）关于效益分析的理论模型

效率反映的是投入产出的比例是否最优问题，提高效率的重点在于减少投入冗余。而效益更多反映的是效率的结果能否实现问题，衡量组织的盈利能力。一般情况下，组织的运行效率和效益呈正相关，效率高的组织其经营效益也高，但有时也存在不一致，若产出不能及时实现价值，效率和效益就不一致，农业中出现的农产品卖难或谷贱伤农等现象就是最好的例证。为对照检验制度因素对效率和效益的影响方向是否一致，本章进一步对家庭农场的盈利能力进行了考察，衡量指标为家庭农场的年经营净收益。家庭农场的经营净收益是连续数值型变量，其取值不受限制，故采用普通最小二乘法（OLS）构建多元线性回归模型进行估计。设定模型形式如下：

$$profit_i = \beta_{i0} + \sum_{j=1}^{16} \beta_{ij} x_{ij} + \varepsilon_i \qquad (7\text{-}2)$$

式中，$profit_i$ 为 i 个家庭农场经营年净收益；X_{ij} 为该家庭农场的效益影响因素向量；β 为回归参数向量；ε_i 为独立的随机扰动项；$i=1$，2，…，n 为样本家庭农场的个数，$j=1$，2，…，16 为解释变量的个数；随机扰动项 $\varepsilon_i : N(0,\sigma^2)$。

7.4.2 样本选择及描述性统计

本研究所用样本数据与第 6 章相同，来自于对河南省 273 个农场户的调查数据。因变量的取值分别为第 6 章所测度的各个家庭农场综合效率指数值及调查所得的家庭农场年经营净收益。各个变量指标的定义、赋值、描述性统计及预期影响方向见表 7-1。

(1) 经营收益状况

家庭农场年净收益是由年经营总收入扣除各种生产性消耗（种子、化肥、农药、饲料、燃料、水电费、农机维修费等）、农地年租金及雇工支出后的净额，不包括各种农业补贴、利息等非经营性收入，以准确反映家庭农场的经营状况。经核算（表 7-2），样本农场户均经营面积为 6.36 公顷，其中粮食类家庭农场经营规模最大，户均为 11.14 公顷，而规模养殖类农场最小，仅为 0.60 公顷；户均经营净收益为 14.72 万元，其中，规模养殖类家庭农场户均净收益最高，达 30.11 万元，而粮食类家庭农场户均净收益最低，为 10.94 万元。由户均土地规模和经营净收益对比可知，土地规模和净收益不呈正比，规模养殖类的土地规模最小反而收益最高。样本农场中有 29 户处于亏损状态，占样本总体的 10.62%，从各类农场的亏损状况看，养殖类农场中处于亏损的比重最高，占到 16.22%，这也反映出养殖行业具有高收益、高风险的特点。

表 7-2 样本家庭农场的经营收益状况

经营类型	样本数（户）	户均经营规模（公顷）	户均经营净收益（万元）	亏损样本（户）	亏损比（%）
粮食类	111	11.14	10.94	12	10.81
瓜果蔬菜类	45	2.37	12.63	5	11.11
规模养殖类	37	0.60	30.11	6	16.22
种养结合类	80	4.63	14.03	6	7.50
样本总体	273	6.36	14.72	29	10.62

（2）地权及市场交易关系

农地第二轮承包期以来，尽管国家出台了长期稳定农地承包权不变，实施"增人不增地、减人不减低"的农地政策，但调研样本所在的乡村集体经济组织中，仍进行了农地承包权的调整，平均调整次数达 2.25 次。从图 7-2 可知，60％以上的样本农场与土地转出户、农资供应商、农产品销售商等建立了较好的合作关系，关系强度得分的均值都在 3 分以上，而与农机服务商的关系稍差，联系比较紧密的不到 30％。

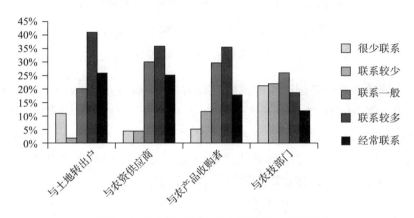

图 7-2　家庭农场与相关契约关系人的关系

政府部门给予的各种农业补贴户均仅为 0.83 万元，其中有 61 户未得到任何补贴、148 户得到的补贴额低于 0.5 万元、而得到政府的各种农业补贴额在 2 万元以上的仅有 28 户；政府部门对农业基础设施的支持力度偏低，仅有 49 户反映得到了政府部门资金的大力支持；涉农部门对家庭农场的监督与指导管理力度偏低，仅有 23.44％的农户反映得到了良好的帮助。

（3）雇工及债权关系

农业雇工的平均日工资达 67.56 元，最高达 230 元。样本农场中仅有 96 户获得农村信用社等正规金融机构的贷款支持，占 35.16％，有 64.1％的农场户反映从金融机构贷款的交易成本很高（图 7-3）。

（4）中介组织关系与内部管理

样本户中加入农民专业合作社的家庭农场有 76 户，仅占 27.84％，其中出资入股的有 39 户；与科研单位建立技术合作关系的有 101 户，占

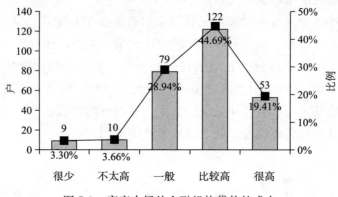

图 7-3 家庭农场从金融机构贷款的成本

37%。经过工商局登记注册的家庭农场有 128 家，占 46.89%，其中注册为个体工商户的有 72 家，个人独资企业 17 家，合伙企业 35 家，有限责任公司 2 家，分别占注册家庭农场总数的 56.25%、13.28%、27.34% 和 1.56%。此外，受访户反映农机及设施等固定资产得到高效利用的仅有 49 户，占 17.95%，存在固定资产管理不善等问题，

7.5 实证分析

7.5.1 效率模型

本研究运用 Stata 12.0 软件构建多元 Tobit 回归模型。为了保证模型预测的准确性和稳定性，首先对各个解释变量进行了多重共线性检验，即逐个对每一个自变量与其他变量进行线性回归，然后计算各个变量的方差膨胀因子（表 7-3），其中最大值为 1.76，最小为 1.04，均值 1.34，所有变量的 Tolerance>0.6，表明所有变量都通过了多重共线性检验；因此，采用强制全面进入法将所设定的解释变量全面引入方程进行回归构建模型 1（总模型），然后采用逐步回归法（stepwise）根据家庭农场的类别分别构建模型 2（粮食类）、模型 3（瓜果蔬菜类）、模型 4（规模养殖类）和模型 5（种养结合类）；为抵抗特异值的影响，所有模型均采用稳健标准误回归。另外，在模型 1 中将家庭农场的经营类型作虚拟变量处理，并以

粮食类家庭农场（$D1$）为参照，引入瓜果蔬菜类（$D2$）规模养殖类（$D3$）和种养结合类（$D4$）3个虚拟变量进入模型。

表 7-3 自变量间的多重共线性检验

自变量	共线性统计量	
	方差膨胀因子（VIF）	容忍度（Tolerance）
地权变更频度（$X1$）	1.04	0.963 499
农地流转关系（$X2$）	1.40	0.714 058
农资供应关系（$X3$）	1.58	0.631 799
农产品销售关系（$X4$）	1.72	0.581 728
农机服务关系（$X5$）	1.49	0.673 362
农业基础设施支持（$X6$）	1.25	0.799 997
农业技术培训（$X7$）	1.26	0.796 309
农业补贴（$X8$）	1.13	0.884 686
是否加入合作社（$X9$）	1.18	0.844 19
是否有技术合作（$X10$）	1.31	0.765 847
日工资（$X11$）	1.16	0.860 079
贷款成本（$X12$）	1.17	0.854 763
是否贷款（$X13$）	1.26	0.796 105
固定资产管理（$X14$）	1.36	0.737 048
是否注册（$X15$）	1.43	0.697 104
监管力度（$X16$）	1.45	0.691 557
瓜果蔬菜类（$D2$）	1.25	0.798 238
规模养殖类（$D3$）	1.64	0.610 938
种养结合类（$D4$）	1.43	0.700 976

回归结果（表 7-4）表明：所有模型的整体线性关系都通过了 1% 的 F 检验（Prob > chi2＝0.000），具有较高的解释力。回归结果基本支持了本研究提出的三个假说，但也存在契约关系人的某些行为对效率的影响与预期相反。

表 7-4　家庭农场运行效率影响因素的 Tobit 回归结果

变量	模型 1	模型 2	模型 3	模型 4	模型 5
地权变更频度（$X1$）	−0.020***			−0.043**	−0.030**
	(−3.310)			(−2.620)	(−2.260)
农地流转关系（$X2$）	0.003				
	(0.240)				
农资供应关系（$X3$）	0.074***	0.109***			0.078**
	(4.380)	(5.780)			(2.580)
农产品销售关系（$X4$）	0.018		0.063*		
	(1.080)		(1.910)		
农机服务关系（$X5$）	−0.010		0.060**		
	(−0.630)		(2.030)		
农业基础设施支持（$X6$）	0.152***	0.162***			0.193***
	(5.490)	(5.810)			(3.180)
农业技术培训（$X7$）	−0.041**	−0.091***		0.126**	
	(−2.470)	(−5.120)		(2.640)	
农业补贴（$X8$）	−0.008***	−0.008***		−0.163***	
	(−4.180)	(−4.880)		(−2.900)	
是否加入合作社（$X9$）	0.031			0.154*	
	(0.920)			(1.910)	
是否有技术合作（$X10$）	−0.046			−0.235***	
	(−1.380)			(−2.960)	
日工资（$X11$）	0.000			0.002*	
	(−0.870)			(1.930)	
贷款成本（$X12$）	−0.019		−0.090**	−0.159***	
	(−1.110)		(−2.500)	(−2.880)	
是否贷款（$X13$）	−0.017			−0.141**	
	(−0.530)			(−2.070)	
固定资产管理（$X14$）	0.159***	0.090***	0.245***	0.178***	0.213***
	(7.420)	(3.200)	(6.630)	(4.860)	(5.730)
是否注册（$X15$）	0.100***	0.172***	0.141**		
	(3.000)	(4.420)	(2.090)		

（续）

变量	模型 1	模型 2	模型 3	模型 4	模型 5
监管力度（$X16$）	0.004			0.105***	
	(0.270)			(4.350)	
瓜果蔬菜类（$D2$）	−0.002				
	(−0.040)				
规模养殖类（$D3$）	−0.173***				
	(−3.160)				
种养结合类（$D4$）	−0.039				
	(−1.000)				
截距项	−0.200*	−0.208**	−0.114	0.169	−0.569***
F 统计量	16.75***	32.79***	20.88***	6.72***	20.65***
Log likelihood	−22.580	18.277	−1.294	7.197	−11.506

注：*、**、***分别表示在 10%、5%、1% 的置信水平上显著；括号中的数据为 t 检验值。

模型 1（总模型）：①模型 1 的结果有效验证了假说 1，村集体对农地承包权的调整给家庭农场的运行效率带来显著的负面影响；而农地流转关系未通过检验，但影响方向与预期一致，即关系越亲密，流转的交易成本越低，越有助于效率的提高。②在交易制度场域内，各个契约关系人的行为对假说的验证并不一致。其中农资供应关系与政府对农业基础设施的支持力度两个变量均 1%通过了显著性检验，对家庭农场的运行效率提升具有显著的积极影响；政府给予的农业补贴对家庭农场运行效率的提升未起到积极的作用，反而产生了显著的负面影响。可能的解释：在其他条件不变的情况下，给农业生产者补贴会使农产品供给曲线向右平移，即投入过多，如果不能消化过剩的供给，必然导致农产品价格下跌出现"丰产不丰收"的现象，即补贴带来了无谓损失。同样，政府部门对农民的农业技术培训也未起到应有的效果。可能的原因是政府组织农业技术培训时间短暂，缺乏对农户使用农业技术的长期支持与跟踪服务，当农户对新技术未全面掌握就开始实施时，难免出现技术风险而导致生产损失。此外，衡量中介组织、债权人、农机服务商、农产品销售商及雇工等关系的变量对效率影响未通过显著性检验，但从影响方向来看，是否加入合作社、日工资、贷款成本的影响方向与预期一致，而是否与科研机构有技术合作、农机服务关系、是否贷款的影响方向与预期相反。③管理制度场域内契约关系人的影响较有力的验证了假说3。其中家庭农场的内部管理水平对家庭农场的效率提升具有显著正影响，即在其他情况不变的情况下，设备及设施等固定资产的使用程度每提高一个等次，将会使家庭农场的运行效率平均提高 15.9%，而经过工商注册的家庭农场比没有注册的家庭农场效率平均高出 10%，这说明家庭农场的内部管理水平是效率提升的关键因素；而政府部门的管理未通过检验，但影响方向与预期一致。④从经营类型来看，瓜果蔬菜类家庭农场的运行效率显著低于粮食类家庭农场，平均减少17.3%；规模养殖类与种养结合类农场未通过显著性检验，但从方向来看，与粮食类相比平均效率较低。

模型 2（粮食类）：农资供应关系、农业基础设施支持力度、农业技术培训、农业补贴、固定资产管理及是否注册 6 个变量均通过显著性检验，且影响方向与模型 1 的结果一致；而在模型 1 中通过检验的地权调整频度在模型 2 中影响不显著，反映出粮食类家庭农场的运行效率对土地产权变更不敏感，可能的原因是粮食类家庭农场比较容易调整生产规模和经营结构，形成的设施性专用固定资产较少，当发生不利因素冲击时，比较容易退出。

模型 3（瓜果蔬菜类）：①与模型 1 相比，模型 3 的结果表现出较大的差别，其中在模型 1 中通过显著性检验的变量，只有固定资产管理、是否工商注册 2 个变量在模型 3 中通过显著性检验且影响方向与预期一致，说明家庭农场的内部管理同样也是瓜果蔬菜类农场运行效率提升的重要方面；而地权制度、农资供应关系、是否与科研机构有技术合作、政府部门的支持等变量未通过检验。②与其他四个模型相比，在模型 3 中农产品销售关系对瓜果蔬菜类农场的运行效率具有显著的影响，不耐储存、易腐烂等产品特点对瓜果蔬菜类农场的销售活动具有更高的要求，因此，能否与瓜果蔬菜销售商建立长期稳定的合作关系对家庭农场的效率提高意义重大。③农机服务关系和贷款成本 2 个变量在 5% 的显著水平上通过了检验且影响与预期一致，瓜果蔬菜类农场一般具有劳动密集型特点，若能通过专业农机服务帮助采摘、分类分级包装等，将会极大提高劳动生产率，节约劳动成本；贷款难、贷款成本高反映了瓜果蔬菜类农场面临更大的资金需求，若不能获得贷款支持将对生产经营产生制约。

　　模型 4（规模养殖类）：养殖与种植项目不同，规模养殖需要建设大量的禽舍、猪舍等农业设施，形成的固定资产专用性强。在模型 4 中，变量指标的影响也表现出与种植类农场不一样的状况。①地权变更频次对规模养殖产生了较为显著的负面影响，而在模型 2、3 中未通过检验，说明地权制度变化对于拥有专用固定资产较高的养殖类农场影响显著，养殖类农场经营者会受到契约关系人更强的"敲竹杠"威胁。②与其他 4 个模型不同，农业技术培训对规模养殖类家庭农场运行效率的提升产生显著的积极影响，说明政府部门开展的养殖技术培训起到了较好的效果，也反映出规模养殖类家庭农场更注重养殖技术的学习和使用。而农业补贴与模型 1、模型 2 中的影响方向一样，但影响程度更大，农业补贴每增加 1 个单位将使效率平均降低 16.3%，说明农业补贴给规模养殖类家庭农场带来的无谓损失更大。③与其他类农场相比，是否加入专业合作社对规模养殖类农场起到了较为显著的积极影响，且加入专业合作社的农场，效率平均比没有加入的提升了 15.4%。④雇工关系在模型 4 中通过了 10% 的显著性检验，但影响方向与预期相反，即为雇工支付较高的日工资在一定程度上却促进了养殖农场经营效率的提高，可能的解释是规模养殖类家庭农场面临的技术风险更大，为规避风险更愿意支付较高的工资聘请有养殖经验的人员或专业技术人员。⑤债权关系的 2 个变量都通过了显著性检验，贷款成本增加对养殖类家庭农场效率的提升产生了显著的负面影响，与预期相符；而是否获得正规金融机构的贷款支持却呈现出与预期相反的影响。可能解释：农场经营者对贷款使用不合理、存在贷款滥用的现象。⑥与其他类农场相比，政府部门监管在 1% 的水平上通过了显著性检验，说明规模养殖农场更希望接受政府涉农部门的管理指导，政府涉农部门的监督与管理指导力度越大越有助于减少养殖的盲目性。⑦固定资产管理水平的提高同样对家庭农场运行效率具有显著的正影响，但是否进行工商注册未通过显著性检验，对养殖类家庭农场的运行效率影响不大。

　　模型 5（种养结合类）：种养结合农场兼具种植与养殖农场的特点，模型中仅有地权变更频次、农资供应关系、农业基础设施支持力度、固定资产管理 4 个变量通过显著性检验且与模型 1 的影响方向一致，而其他变量未通过显著性检验。

模型 2、模型 3、模型 4 与模型 5 之间的比较：规模养殖类农场和种养结合类对地权制度的变更反映更敏感；建立良好的农资供应关系对粮食类农场和种养结合类农场的运行效率提高影响显著；瓜果蔬菜类农场对农产品销售和农机服务要求更高；政府部门的监督管理、专业合作社的服务对规模养殖类农场更能起到良好的促进作用。

7.5.2 效益模型

在效益模型中，仍将家庭农场的经营类型作虚拟变量处理，以粮食类家庭农场（D1）为参照，仍引入瓜果蔬菜类（D2）、规模养殖类（D3）和种养结合类（D4）3 个虚拟变量进入模型。由表 7-3 可知，变量之间不存在多重共线性，故将全部变量引入模型，为消除异方差问题采用稳健标准误回归，运用 stata 12.0 软件得到模型 A，然后采用逐步回归法剔除显著性水平低于 10% 的变量，得到模型 B。两个模型的 F 统计量分别为 $F_{(19, 253)} = 19.40$ 和 $F_{(8, 264)} = 32.77$，显著性水平都 Prob>F= 0.000，说明因变量和所有自变量之间整体线性关系显著；对因变量变差的解释力度指标 R^2 分别为 42.34% 和 40.95%，本文考察的只是制度因素，模型具有解释力。结果见表 7-5。

表 7-5　家庭农场效益影响因素的多元线性回归结果

指标变量	模型 A		模型 B	
	系数	t 统计量	系数	t 统计量
地权变更频度（X1）	−1.152**	−2.230	−1.197**	−2.47
农地流转关系（X2）	−0.215	−0.180		
农资供应关系（X3）	3.044***	3.060	2.838***	3.01
农产品销售关系（X4）	2.784	1.490	2.911*	1.81
农机服务关系（X5）	−2.603**	−1.870	−2.581**	1.81
农业基础设施支持（X6）	1.334	0.650		
农业技术培训（X7）	−0.456	−0.400		
农业补贴（X8）	2.900***	9.060	2.967***	9.69
是否加入合作社（X9）	−1.927	−0.630		
是否有技术合作（X10）	3.256	1.150		

（续）

指标变量	模型 A		模型 B	
	系数	t 统计量	系数	t 统计量
日工资 （$X11$）	0.050	1.210		
贷款成本 （$X12$）	0.767	0.670		
是否贷款 （$X13$）	−2.834	−0.830		
固定资产管理 （$X14$）	6.239***	3.750	5.679***	4.02
是否注册 （$X15$）	1.650	0.570		
监管力度 （$X16$）	2.059	1.530	2.528**	2.25
瓜果蔬菜类 （$D2$）	0.647	0.250		
规模养殖类 （$D3$）	15.291**	2.400	14.789***	2.79
种养结合类 （$D4$）	0.742	0.240		
截距项	−1.152***	−2.670	−21.173***	−3.11
F 统计量	19.57***		32.77***	
R-squared	0.423		0.405	

注：* 、**、***分别表示在 10％ 、5％、1％ 的置信水平上显著。

结果分析：模型 B 中剔除了不显著的变量，且比模型 A 中通过显著性检验的变量增加，而拟合优度仅下降 1.8％，因此以模型 B 的结果为主要分析依据，对模型 A 中不显著的变量仅做影响方向上的解释。

（1）在地权制度场域内，村集体对地权变更的频度给家庭农场的经营净收益带来显著的负面影响。在其他条件不变的情况下，农地承包权多调整 1 次，将使经营净收益平均减少 1.16 万元。

（2）在交易制度场域内，农资供应关系、农产品销售关系都对净收益产生积极的影响，即与农资供应商和农户品收购商建立良好的合作关系是经营收益提高的重要因素；但农机服务关系对净收益有较显著的负影响。究其原因，尽管农机服务提高了农业劳动生产率，但同时随着燃料、人工等费用的上涨，农机服务费用也不断增加，这些费用势必增加家庭农场的经营成本，导致利润减少。政府给予的农业补贴对家庭农场的经营净收益具有显著正影响，说明农业补贴对农民从事农业经营具有重要激励作用。其他变量未通过显著性检验。

（3）在管理制度场域内，固定资产的管理使用水平对经营净收益的增加具有显著的促进作用，在其他条件不变的情况下，农户固定资产的使用程度每提高 1 个层次，将使经营净收益平均增加 5.679 万元，说明农场经营者若能使农机及设施等固定资产高效利用、避免闲置，实现稳态收入流是经营盈利的重要方面；政府部门对家庭农场的管理指导也对经营净收益产生积极的影响，即管理指导越到位，越能促进农场的经营。其他变量未通过显著性检验。

7.5.3　两类模型的结果比较

相同之处：地权变更、农资供应关系、固定资产管理 3 个变量都通过了 5% 以上的显著性检验，而且影响方向一致。不同之处：在效率模型 1 中农业基础设施支持力度通过了 1% 显著水平检验，但在效益模型中未通过，说明政府部门对农业基础设施的改善尽管有助于提高家庭农场的运行效率，但对家庭农场的经营收益影响有限；农业技术培训对家庭农场的运行效率有较为显著的影响，而对经营效益影响不大，二者的影响方向一致，但都与预期相反，更加反映出农业技术培训的针对性不足及培训的跟踪服务措施需要改进；农业补贴导致了家庭农场运行效率的损失，但是却促进了农民收益的增加；经过工商登记注册的家庭农场内部管理更加规范，经营效率比没有注册的家庭农场有显著地提高，但是否注册对家庭农场经营收益实现却影响有限，说明效益的实现更加依赖灵活的经营方式；规模养殖类家庭农场的运行效率与粮食类家庭农场相比明显偏低，但是净收益却比粮食类农场平均高出 14.789 万元，证实了效率高的组织净收益并不一定高，反之，效率相对较低的组织仍能实现较高的收益。

7.6　本章结论

本章以第 6 章测度的各类家庭农场的运行效率值为响应变量，通过构建 Tobit 模型实证分析了制度结构场域内相关契约关系人的行为对家庭农场运行效率的影响；并通过构建关于经营净收益的多元线性回归模型，检验解释变量对家庭农场的运行效率和效益影响的异同。研究发现：

第一，地权制度不稳定对家庭农场的运行效率和经营效益都产生了显著的负面影响，不利于家庭农场的发展。但从经营类型来看，地权不稳定尤其对专用性固定资产比较强的规模养殖类家庭农场和种养结合类家庭农场的运行效率有较大的负面影响，而对专用固定资产投入少、经营规模和结构容易调整的种植类家庭农场影响不大。

第二，在交易制度场域内，各个契约关系人的行为对家庭农场运行效率和收益的影响及方向不同。①建立并保持良好的农资供应关系对家庭农场运行效率和收益的提高都具有显著作用，其中对粮食类和种养结合类家庭农场的效率改进尤为显著。②农业补贴会给生产者造成效率损失。农业补贴激励农户过度生产，造成了市场供给过剩，引起了生产者的效率损失，且对粮食类和规模养殖类家庭农场造成的损失更严重。③改善农业基础设施对家庭农场运行效率的提升具有显著的促进作用，且对粮食类和种养结合类家庭农场影响最大，而对规模养殖类和瓜果蔬菜类家庭农场影响不大。④农业技术培训效果不明显。农业技术培训对各类家庭农场的发展影响不同，其中仅对规模养殖类家庭农场具有较显著的积极作用，而对粮食类家庭农场却起到相反的作用，反映出我国对农业技术培训及跟踪服务存在短板，培训不系统、缺乏针对性，影响培训效果。⑤农民专业合作社发展仍不规范，带动作用有限。农民专业合作社对家庭农场发展的作用不明显，仅在规模养殖农场起到了良好的作用。⑥农业技术成果转化存在"最后一公里"问题。变量"是否与科研单位有技术合作"仅对规模养殖类农场的效率产生影响，且影响为负，反映出农业科研单位科研成果转化存在"最后一公里"的问题，即试验室的研究成果到农民的田间地头需要更多的配套技术支持，否则带来的只是负面影响。⑦降低贷款成本对家庭农场的发展具有重要作用。从债权人的影响来看，农场经营者从正规金融机构贷款的成本太高，这在一定程度了制约了农业规模经营主体的发展，其中尤其对瓜果蔬菜类和规模养殖类家庭农场的发展约束更大；但另一方面又存在农户对贷款使用不合理的问题，其中在规模养殖类农场表现最明显，得到贷款的养殖类农场反而效率不高。

第三，家庭农场内部管理水平对所有类型农场运行效率提升都具有显著的积极作用。通过合理的管理规划，建立规范的内部管理制度和章程，按要求进行登记注册，取得法人资格；同时着力提高固定资产的使用率，避免资源闲置，实现收入流的稳态化，这对家庭农场运行效率的提升具有重大意义，同时对经营净收益的增加也具有显著的促进作用；政府部门的监督与管理仅对规模养殖类农场起到较为显著的积极影响，而对其他类家庭农场的影响有限。

第四，效率相对较低的组织仍能实现较高的收益。家庭农场既要重视运行效率，更应该创新经营方式，实现效率和效益的统一。

第八章　结论与政策建议

8.1　主要研究结论

　　本研究运用新制度经济学的理论框架，以河南省的家庭农场调查数据为基础，综合已有的相关研究成果，对家庭农场生成及运行效率的影响因素进行了理论与实证分析。首先，从交易成本视角分析了我国家庭农场生成的内外动因及约束因素；其次，构建了影响农户农地规模经营选择的实证模型，深入分析了资产专用性、交易频率及不确定性因素对家庭农场生成的影响；再次，综合运用契约理论、产权理论和交易成本理论分析了家庭农场生成契约缔结选择及影响因素，并构建影响农户选择具体契约形式的实证模型；然后，运用 DEA 分析法测度了不同类家庭农场运行效率的状况；最后，以 DEA 模型测度的效率值为响应变量，结合 Tobit 模型和一般线性回归模型，从制度结构场域内契约关系人视角解析了制约家庭农场运行效率及效益提高的主要因素。通过研究，得出以下主要结论：

8.1.1　我国家庭农场的生成是内外因共同作用的结果

　　农户及各个契约关系人对经济利益的内在追求是家庭农场生成的主因，而主流思想观念的变革与政府的政策导向、要素禀赋条件及制度环境的变化是家庭农场生成的外在因素。具体来说，我国家庭农场制的生成和扩散是由政府、社会精英等自上而下的进行规制设计与推广和农户、企业等行动者自下而上的需求相结合的过程，这一过程中包括政府组织、专业人员、农民自组织、农户等多个个体行动者和集体行动者的参与，他们对家庭农场的制度要求或压力不同，需要进行不同的适应性调整（包括理解、创新与试错）。其中采纳新制度者（农户等）的特征与条件，或对其内在需求的影响因素是决定家庭农场扩散与实施的关键；那些试图对新制度进行扩散的代理人（政府等制度设计者）的性质和努力决定了制度供给的强度。各个相关行动者通过不断实践，对家庭农场的意义进行建构，从而形成了围绕家庭农场发展的制度结构场域（图 8-1）。

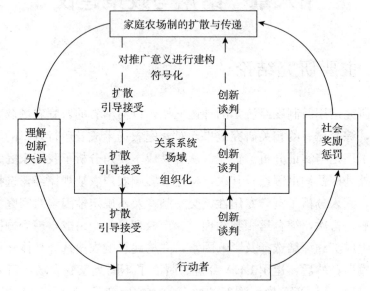

图 8-1　从上到下与从下到上的家庭农场制创新与扩散过程

8.1.2　家庭农场的生成面临着比较高的制度成本

我国的家庭农场发展尚处于摸索阶段，围绕家庭农场的制度环境仍不健全、农户在交易中的有限理性及机会主义、农民对新制度的适应性成本等问题导致家庭农场在与其他契约主体交易中不确定性加剧，契约缔结与执行的交易成本高昂。农户个体间的异质性和分散性增加了农地流转缔约的谈判成本；农地确权强化了农户对农地的财产权预期，但提高了农地的租金成本；"产权分割"复杂化了农地产权的委托代理关系，抬高了农地流转的交易成本；农民适应新制度的路径依赖效应，提高了家庭农场实施的摩擦成本、学习成本和机会成本；而农民非农就业及社会保障等相关制度的不完善，导致农地所承载的期望收益太多，农场经营者若要获得土地必须支付不低于小农对农地期望收益的地租量，再加上因规模扩大对农地、资本、技术等要素需求的增加，这使家庭农场制的运行面临较高的经营成本约束。若无法解决放弃农地的农户能够顺利实现非农就业与老有所依、老有所养和得到农地的农户能实现有利润的生产，那么家庭农场这一制度就不会有生命力。

8.1.3 社会资产和场地资产专用性对农户的规模经营意愿影响最显著

实证分析表明：①社会资产专用性对农户扩大农地经营规模的意愿影响最突出。农村是一个熟人社会，是农民长期生产生活的地方，农户亲戚中村干部人数、政府部门任职人数、本村中血缘关系户数及经常来往的亲朋数，这些关系资源都是农户脱离农村后将逐渐失去的资产，而这些关系资产能够降低农户从事家庭农场经营的交易成本。②农业水利、村庄道路及村庄治安等场地资产状况对农户从事农地规模经营有显著的积极影响，优越的场地条件是降低农业经营成本、提高农产品商品率的重要方面。③两类人力资本对农户的规模经营意愿影响显著但方向相反。根据因子分析的结果，将人力资本专用性进行分解并重新命名为教育型人力资本专用性和经验型人力资本专用性。两类人力资本专用性都对农户的规模经营选择构成显著的影响，但影响方向相反，其中农民的农艺技能、务农兴趣及受教育程度等教育人力资本专用性越高的农户从事规模经营的意愿越强，验证了从事家庭农场等较大规模的经营是有门槛的，并非任何农民都能胜任；年龄和种养年限等经验型人力资本专用性越高的农户反而从事规模经营的意愿比较低，反映了家庭农场等新型农业经营主体更适合年轻、敢于创业的新型农民。④实物资产专用性对农户的规模经营意愿影响有限。

8.1.4 交易频率对农户的规模经营意愿产生了较显著的负面影响

研究表明，交易频率的两个观察项都对农户的规模经营意愿产生了较显著的影响，其中农地流转涉及的户数越多，需要进行谈判缔约的难度就越大，所耗费时间、资源就越多，从而制约了农户扩大农业经营规模的努力；而农地流转合同订立的期限越长越有助于农场经营者形成稳定的经营预期，对农户从事规模经营的意愿具有很强的激励效应。

8.1.5 农地流转契约的缔结及稳定是家庭农场发展的基础

中国特色的家庭农场是多个农户通过对其所拥有的农地产权的全部或部分交易而形成的新型经营主体，它的稳定性与个体的期望值又有很大关系，双方签约的必要条件是每位参与者理智地相信收获大于付出或至少得到对他而言是很有价值的东西。这种意愿就是促成契约达成的原动力，这个有活力的主观要素将导致契约的产生，也是家庭农场生成和稳定发展的基础。实证分析结果表明：当缔约的制度环境不稳定和缔约的交易成本、务农的机会成本、每亩支付的租金越高，以及农民的务农兴趣与个人在村庄中的威信比较高时，农场户更倾向于选择签订正式书面契约，而与土地转出户流转关系越亲密、年龄越大的农场户更愿意选择订立非正式契约。从具体契约形式选择而言，当有农地流转中介机构参与服务时，租地农场户更愿意选择采用分成合作契约；文化程度越高的户主更愿意独立自主的从事生产经营，倾向于选择定额契约；而年龄越大的户主更愿意选择定额实物契约，以降低经营风险。

8.1.6 四类家庭农场的运行效率整体比较低

运用 DEA 方法对四类家庭农场的运行效率进行了测度。结果发现：各类家庭农场的整体运行效率偏低，效率值平均低于 0.6，存在较严重的资源浪费和效率损失。其中，粮食类家庭农场综合效率均值最高，为 0.618；规模养殖类家庭农场的综合效率值最低，仅为 0.486；瓜果蔬菜类和种养结合类家庭农场的综合效率均值分别为 0.587 和 0.542。从规模效率来看，种养结合类家庭农场的规模效率最高，为 0.831；规模养殖类家庭农场的规模效率值最低，为 0.647；粮食类家庭农场和瓜果蔬菜类家庭农场的规模效率值分别为 0.781 和 0.799。四类家庭农场内部各单元之间的纯技术效率离差比较大，反映出农场经营者的经营管理能力和农业技能水平的差异对运行效率具有显著影响。四类家庭农场的对比分析表明：土地资源对规模养殖类和瓜果蔬菜类农场的发展约束性不强，农户能以较少的土地投入通过发展规模养殖和设施蔬菜等项目实现更高的产值；种养结合类家庭农场可以实现资源互补，能有效缓解农业生产的季节性对生产经营的影响，实现常年都有收入流。

8.1.7 经营规模和效率之间并不存在正相关关系

较小的土地规模亦能达到较高的效率水平，土地规模并非是发展家庭农场的硬性约束，农户可以通过集约化利用土地发展规模养殖和瓜果蔬菜项目等。不存在具有普适性的家庭农场规模标准，几乎在每个规模区间内都有位于生产前沿面的家庭农场，家庭农场的运行效率更多地受农户自身禀赋、技术及环境因素的影响。相对而言，粮食类家庭农场比较具有效率优势的经营规模在5～6公顷；瓜果蔬菜类家庭农场较为有效的经营规模在2.67～3.33公顷；养殖类家庭农场综合效率最高的是养殖面积在0.13～0.32公顷的农场；而种养结合类家庭农场比较有效的区间在规模值为50～60。

8.1.8 契约关系对家庭农场的运行效率具有重要影响

根据对家庭农场运行效率的测度结果值，构建 Tobit 模型实证分析了制度结构场域内相关契约关系人的行为对家庭农场运行效率的影响，为检验解释变量对家庭农场的运行效率和效益的影响异同，构建了影响效益的多元线性回归模型，进行对比分析。研究发现：①地权关系不稳定对家庭农场的运行效率和经营效益都产生了显著的负面影响，从经营类型来看，地权的变更尤其对规模养殖类家庭农场和种养结合类家庭农场的经营效率负面影响大，而对种植类家庭农场的影响不大。②各个契约关系人的行为对四类家庭农场的运行效率和收益影响不同。建立并保持良好的农资供应关系对各类家庭农场经营效率和收益的提高都具有积极作用，且对粮食类和种养结合类家庭农场的效率提升作用更显著；政府给予的农业补贴在一定程度上导致了农场的效率损失，其中补贴给粮食类和规模养殖类家庭农场带来的效率损失更大，但从经营收益来看，补贴却促进了家庭农场收益的增加；政府部门加大对农业基础设施的支持力度，将极大地促进家庭农场运行效率的提高，且对粮食类和种养结合类家庭农场的作用最显著，而对规模养殖类和瓜果蔬菜类家庭农场的影响不显著；政府部门组织的农业技术培训对四类家庭农场的发展影响不同，其中仅对规模养殖类家庭农场的效率提升具有显著的正效应，而对粮食类家庭农场的效率却起到相反的作用。农民专业合作社对家庭农场发展的作用不明显，仅在规模养殖类农场起到了良好的作用。变量"是否与科研单位有技术合作"仅对规模养殖类农场的效率产生影响，且影响为负，反映出农业科技成果转化存在"最后一公里"的问题，即试验室的研究成果到农民的田间地头需要更多的配套技术支持，否则带来只是负面的效果。从债权关系来看，降低贷款成本对家庭农场的发展具有重要作用。贷款成本高在一定程度上制约了家庭农场运行效率的提升，尤其对瓜果蔬菜类和规模养殖类家庭农场的约束显著；但另一方面又存在农户对贷款使用不合理的问题，其中在规模养殖类农场表现最明显，得到贷款的养殖农场运行效率反而降低。③提高内部管理水平对四类家庭农场运行效率的提升都具有显著的正效应。建立规范的内部管理制度和章程，实现法人化经营；提高固定资产的使用率、减少其闲置时间，这对家庭农场运行效率和效益的提升具有积极意义。政府部门的监督与管理仅对规模养殖类农场起到较为显著的积极影响，而对其他类家庭农场的影响有限。④效率相对较低的组织仍能实现较高的收益。家庭农场既要重视运行效率，更应该创新经营方式，实现效率和效益的统一。

8.2 政策建议

基于上述结论，并结合我国家庭农场发展的实际情况，本研究提出以下政策建议：

8.2.1 加快推进家庭农场的制度化

(1) 推进家庭农场制度化的重点

制度化是各个行动者为了实现他们的目的而进行的政治努力与互动交易的产物，它是指已获得某种确定状态或属性的一套社会安排（Zucker and Lynne，1977）。家庭农场的制度化是指家庭农场发展过程中与政府、企业、中介组织、集体经济组织等各种行动者互动过程中所产生的具有建构意义的法律、法规、内部规范及共同的信念，它是家庭农场的地位和身份日益合法化和被认可的过程。具体而言，推进家庭农场的制度化重点应从三个层面建构：一是规制性规则层。即用法规和章程来建立一组对家庭农场经营行为的约束。一般由政府等权威机构来制定和推广，具有强制性。如针对家庭农场性质、权利与责任等方面的法律规制，经营者必须在这些法律规则下行事，建议尽快出台《家庭农场法》。二是规范性规则层。即设计出一套程序，以便对经营者违反法规、章程时进行检查和处罚。三是文化认知的规定性。文化是各种设备和知识的综合体，人们运用文化去认知与建构事物以便生存（费孝通，1939）。文化认知的规定性就是辅之以一组道德伦理行为规范使参与者相信制度是合法且合乎其理性的，从而降低实施规章和产权的成本（理查德·斯科特，1995）。

如家庭农场发展比较快的上海市松江区的做法：在规制层面，按照《农村土地承包法》和农业部相关文件规定，严格规制土地用途管理，规定土地流转必须通过村委会，农户和村委会必须签订统一的《土地流转委托书》。在规范层面，由村集体根据本村粮食面积、务农劳动力数量等情况，制定家庭农场发展计划和实施方案，明确区域家庭农场发展的总数、户均经营规模、申请者条件等；只有符合条件的村民才可以申办家庭农场，并由村集体组织村民代表对申请农户进行资格审核评选；如果达不到这些条件就没有资格申请成为家庭农场主和获得政府提供的补贴。在文化认知层面，针对那些愿意把土地委托给集体的老年农民每年发放养老补贴1 800元（其中600元是250千克稻谷的土地流转收益的折价，先由所在村交社会保障部门再发放给老年农民，另外1 200元由政府补贴），在农民中建立起必要的社会保障制度，改变老年农民对土地眷恋的传统观念；另一方对愿意从事家庭农场经营的给予适当的补贴和奖励，让其从事农业能获得体面的收入，改变农民对务农身份低下的传统认识。

（2）推进家庭农场制度化的步骤

家庭农场的制度化是一个渐进的过程，要依靠参与主体的自主选择与建构。具体而言，家庭农场制度化的实施过程可遵循以下三个步骤：

第一步，建构与完善家庭农场的治理系统。明确家庭农场的宗旨、性质、法律地位、经营范围、组织机构与管理原则、财务会计核算制度、分配制度等，特别是明确家庭农场的目标和规则、协作机制和交流渠道，使行动者清楚家庭农场的特征、功能及实施的可能性，并为出现的问题提供制度性解决办法，促进家庭农场身份的合法化。

第二步，创造行动模式。不管是政府对家庭农场的各种规制，还是家庭农场自我发展的规范性以及文化认知性的制度要素，都需要由各种媒介或"传递者"来传递和推广。政府应努力为家庭农场的发展提供可行的契约联结模式、对家庭农场进行符号化界定（如规模、经营资格、商标、注册登记条件等）、创造家庭农场的文化、共识性的认知等，形成组织惯例，强化目的性，促进家庭农场在与其他行动者互动过程中，形成具有互惠、相互信任和关心对方收益等特征的场域，并通过规范、价值观、内部治理系统的建构，使其身份得到场域内行动者认可与尊重。

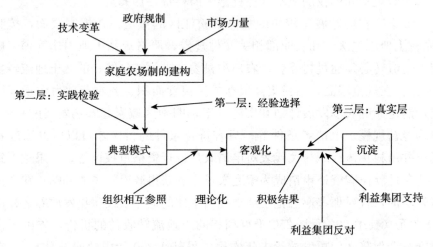

图 8-2　家庭农场的制度化过程

第三步，促进家庭农场的客观化（图 8-2）。客观化是关于家庭农场发展的相关知识、经验及模式等日益沉淀规律化的过程。这一过程中可分为经验印象、实践检验和客观真实三个层次，其中经验印象层是家庭农场发展的基础，它是农户过去所形成的经验、思想观念及印象对当前选择的判断，只有当农户认为当前的制度形式符合其过去的经验认识、有助于增加其个人利益时，那么经营家庭农场的概率就会上升；实践检验或实际层指农户选择家庭农场后发展的实际状况，家庭农场制是否优越，必须经过众多农户的实践检验，要经过市场竞争的洗礼，最后形成经得起实践检验的发展模式；客观真实层是对家庭农场发展的成功经验与实践的理论化，是家庭农场的制度结构特征、发展机理、发展趋势及内部治理机制的一般规律的抽象。在制度化的最后阶段，即"沉淀"阶段，随着客观化的信念逐渐嵌入家庭农场组织的决策惯例、形式或合约之中，家庭农场制的稳定性和持续性不断上升，促使其大量扩散到所有潜在采纳者的相关组织种群中。

8.2.2 促进家庭农场与制度环境相容

（1）促进家庭农场与各利益集团的利益相容

制度安排是对不同利益集团利益格局的契约化，是对每个交易主体权利的规定（罗必良，2009b）。在一项制度安排中，不同利益集团的利益协调越有效则该项制度就越有效。对家庭农场的推进而言，需要契合以下各方的利益：①契合村集体和村干部的利益。我国的集体经济组织有三重角色：村庄集体利益的代言人，为村庄整体利益服务；政府指令或政策的传达者，要执行上级政府下达的各项任务；村干部个人利益的行使者，集体经济组织的领导人也是理性算计的个人，他关注个人利益最大化，在个人利益得到满足的情况下才会关心整体利益以及上级政府的利益。可通过制度安排激发村级集体经济组织参与土地流转的活力，让村干部能主动投入到促进土地流转服务中，政府部门可通过奖金等形式激励村干部参与其中并承担一定风险责任，从而实现村集体三种角色能向一个方面努力。②契合农场经营者的利益。制度的设计要以农民家庭的需求为导向，发展家庭农场首要使农户能获得可观的收入，除了能维持家庭农场的再生产外还得有额外的收入使家庭成员过上体面的生活。家庭农场的发展，在一定程度上应能使土地成为普通农户面向市场的一种就业资本，使农场经营户成为一种专业化的职业选择，成为合作经济组织节约交易成本的规模基础，最终使广大农民群体既能增加收入，又能参与市场竞争，而不再仅仅是保障自身的生活消费。但由于家庭农场类型的多样性及农民家庭生计的复杂性，对于家庭农场的发展尚没有一个标准的模式可循，对家庭农业的支持也需要因地制宜、创新制度安排。③契合村庄利益。任何一项制度都其有效作用的空间，它依赖于特定地域人们原有的社会文化、传统、宗教伦理等非正式制度，不同地域的制度运作环境常常不同。家庭农场内生于农村社区，这就要求各级政府对家庭农场的扶持和保护措施，都需要基于村庄的视角看待，努力维持村庄社会结构的完整与社会秩序的和谐，尊重地方人文环境，充分了解村民的行动逻辑，满足农户差别化诉求（夏柱智，2014b）。从而为各个契约关系人创造良好的契约环境，保证诚实比不诚实能带来更多的收益，促进契约关系稳定可持续。④契合政府及社会利益。家庭农场的发展，至少要承担以下三个社会目标：粮食安全和农产品的稳定供给、农产品的质量安全、农业的可持续发展。要实现这些目标必须让愿意种粮的人能够扩大耕种规模，在保障粮食安全和农业环境可持续的基础上从种粮中得到较好的收益（陈军民，2015）。政府部门应增加农业基础设施等公共物品的投入，改善家庭农场发展所需的基础设施条件，通过农业环境补贴、粮食生产补贴等政策引导农场经营者实现安全绿色生产，以保证政府目标与农场经营目标的契合。

（2）使围绕家庭农场的各项制度安排在激励上相容

激励是制度的首要功能。任何一个组织和社会都是靠一整套制度安排来维持运转的，而有效的运转依赖于各项制度安排在激励上的相容（罗必良，2009c），激励不同的参与者朝统一的或互补的目标方向努力。根据中国式家庭农场的制度特征，应着力构建以家庭农场产权制度为核心、家庭农场交易制度和管理制度等功能性制度为辅的制度体系，妥善理顺与农民利益息息相关各项制度安排，不断完善农村社会保障体系，弱化和替代土地对农户的保障功能。如在就业制度方面，通过为农民提供就业岗位，加强技术培训，举办人才招聘会等，促进农业人口向二、三产业和城镇转移；在社会保障制度方面，对失地农户给予一定的经济补偿和进行妥善的安置；在土地制度方面，要进一步明晰产权，加强流转服务中介组织的建设，能促进土地的顺利集中与流转。通过这些配套制度安排能保障普通农户"失地不失权，失地不失利，失地不失业"、家庭农场户"有地有权、有权有利、愿以农为业"，彻底消除农民对土地经营权流转的担心和顾虑（陈军民，2015）。完善配套制度安排，降低现代家庭农场制度创新的成本，从而促进现代家庭农场经营模式的发展，推动农业产业化发展。

8.2.3　通过政府安排，减少契约缔结成本

契约选择依赖于各个相关主体的预期收益和成本的权衡。人们做出契约选择的途径一般有三种方式：纯粹个人自愿（即个人安排，自由退出）、参与合作和政府安排。纯粹个人自愿安排中，既不会产生与他人相关的交易成本，也没有政府给予的强制成本，但收益的增长也仅限于一个人（戴维斯和诺斯，2014）；在另外两种形式中，都要支付合作的交易成本，且参与者越多成本越高。在参与合作形式下，参与主体要达成一致可能会由于谈判协调的复杂性进一步增加交易成本，而给定同样数量的参与者，在政府安排下的交易成本可能低于参与合作形式下的成本，但在政府安排下每个参与者都受制于政府的强制性权力，而不管他对政府的强制性方案有多大的不满意，他都不能退出。但反过来，政府强制性的方案可能会产生较高的收益，因为政府可以利用强制力，强制实现一个由任何自愿谈判都不可能实现的方案。由于我国人多地少，小农数目众多，要创办家庭农场，实现适度规模经营，需与多个农户进行交易，且每个交易要分别定价，使达成与履行契约的交易成本高昂，那么降低交易成本，就要减少交易的次数。具体而言，一是通过政府安排或者在政府倡导下建立和完善家庭农场中介服务机构，特别是完善农地流转中介服务体系及制度性金融服务体系，引领家庭农场之间的相互合作，把家庭农场同大市场联结起来，开展农产品的收购、储存、运输、加工和销售的配套服务，从而减少自愿参与安排下进行合作的困难。如上海市松江区家庭农场的发展就是通过村集体的作用把农地统一收回，制定一系列的"游戏规则"（包括家庭农场的进入、退出程序、竞标人资格条件、违约风险押金等），让符合条件的村民公开竞标，村集体充当中间人，减少农户与农户直接交易的次数与不确定性，极大降低了签约与履约的成本。二是完善合同制度，由政府部门制订并提供标准化农地流转合约语言及范本，明确契约关系人的权利与责任，使交易双方的经济行为受到法律的约束与规范。如浙江省制定了统一的承包经营权流转合同文本格式，实现了农地流转合同的标准化，极大降低了法庭处理纠纷的成本。

8.2.4　提高农户的学习能力，降低适应性成本

卢现祥（2003）认为，制度、规则是人们不断"试错"、学习的结果，没有学习及其知识存量的积累，就不可能有制度的变迁和创新。提高农户对新制度的接受和应用能力，就要不断提高他们的学习能力，不断使旧的文化稀薄化和弱化，破除人们意识形态中的深层次、非正式制度的惰性和难移植性，降低制度变革的适应性成本。可通过以下几项措施推进：①加大家庭农场相关政策与知识的宣传力度，让广大农民对家庭农场制有更全面的认识，强调制度的永久性和稳定性，只有当人们预期到家庭农场制将一直延续下去，而不是朝令夕改，并预期到他人也将会按照这一制度规则行事时，自己就会按照这一规则行事，其结果也必然进一步强化家庭农场制自身。②加大对农民的职业教育。首先，建立新型职业农民资格考试考核制度，只有具备了良好的科学管理知识和农业生产技术的农民，才可以获得新型职业农民资格证书，拥有该证书的农民才有资格申办家庭农场，并优先得到国家优惠政策的支持。其次，建立农业技术培训的长效机制，按照经营类别及农户的需求有针对性地开展培训，开展对参加培育农场主的长期技术跟踪服务，保障技术的实施效果。同时，加强对外出务工农民的职业技能培训教育，减少农民获取知识的成本，提高其外出务工的技能，稳定他们的就业预期，促进农民工真正的市民化。③加强理念宣传，让有意从事农业的农民认识到家庭农场是增加家庭收入、过上体面有尊严生活的有效途径和光荣职业，通过宣传引导、调动农民学技能、强素质的主观能动性，积极主动加强自身学习，增强自身的综合素质。④促进人口的双向流动，拓展农户对外交流的广度和深度，在对外交流中增进知识、更新观念、获取替代经验（蔡立雄，2009）。

8.2.5　完善配套措施，提高政府支持的效果

（1）改善家庭农场发展的场地条件

土地的不可移动性表明，在既定土地上要想使农民从事农业生产能获得更高的经济绩效，就必须对既定的土地进行相应的投资，改善农业生产

的场地条件。为此，政府应继续增加财政对农业和农村发展的投入，建立健全财政支农资金的稳定增长机制。①大力推进中低产田改造，加快高标准农田建设，并将晒场、烘干、机具库棚等配套设施纳入高标准农田建设范围；②围绕农田基本建设，加快中小型水利设施建设，扩大农田的有效灌溉面积，提高排涝和抗旱能力；③加强农村公共设施建设，以农村的道路、电网、饮水、通信、广播、电视等农产品市场设施为重点，改善农村的生产条件和农民生活环境；④加强大宗粮食作物良种繁育、病虫害防治工程建设，强化技术集成能力，如在生产上增加农业科技集成应用等配套服务。

（2）创新家庭农场的产权制度

可行途径：①推进农户土地权益的价值化。可将农户作为集体成员所有享有的农地权益价值化，恢复集体作为所有权主体收取土地承包费的权利，少承包或者不承包土地的农户获得经济补偿，多承包土地的农户支付对应土地的租金；对于在城市定居、具有稳定工作和已经参与城市社会保障体系的农户，可以探索通过一次性补偿办法使其退出集体土地权益（桂华，2016c）。②以确权为契机实现农户承包地的集中连片，细化"三权分置"在解决农地细碎化方面的操作技术问题。可借鉴湖北省"沙洋县模式"，充分发挥村集体的农地所有权权能，制定解决细碎化方案，推动土地的整合。在这一过程中，政府应适当增加资金投入，解决农田道路、田埂和排灌等基础设施，解决因农地质量差异对土地整合的影响，以调动农民参与的积极性，减轻土地集中的阻力。③建立健全土地流转市场，为农地纠纷的解决提供可操作的法律依据，改变依靠关系型流转为正式契约型流转，从而保障契约关系人的利益预期。④在实践中家庭农场的农地产权制度设计应因地制宜，非农产业发展迅速的地区，可大力发挥村集体的中介力量，实施农地收益权的虚拟化，由村委会统一流转土地，但当条件不满足时，亦不能盲目推进这种模式，可选择通过其他中介或市场来完成农地的自发流转，实现农地供需双方的对接。

（3）完善农业补贴的配套措施

健全生产者补贴制度，将农业补贴与推动农业供给侧改革相结合，以市场需求为导向提高补贴政策的指向性和精确性，通过补贴引导农户进行生产结构调整，以保障有效供给；鼓励有条件的地方设立扶持家庭农场发展专项资金，重点支持示范性家庭农场，资金主要用于家庭农场的农田基础设施、修建仓库设备，对农场主进行农业技术、生产管理等培训，以提高生产管理特别是信息化管理的水平，促进家庭农场进行标准化生产、品牌化营销等。

（4）规范对家庭农场运行的监管

建立家庭农场运营监测系统，健全对家庭农场的管理服务制度，加强示范引导，不断优化家庭农场发展的环境，严格把握家庭农场以家庭成员为主要劳动力、以农业为主要收入来源的两个基本特征，坚持因地制宜，因类制宜的确定家庭农场的规模认定标准，对农场主资格、家庭劳动力结构、财务管理水平等提出具体要求，并通过登记认定、备案和建立示范名录等工作，建立家庭农场的基础信息数据库，对家庭农场的经营情况进行实时监测。

8.2.6　促进家庭农场发展的联合与合作

促进家庭农场组织的团队化和市场化，是降低家庭农场运行交易成本的关键。罗必良（2009d）认为，可采用纵向一体化或横向一体化的组织形式代替市场交易，节约市场交易成本。具体可行的途径：一是发展农场联合社。在家庭农场的基础上发展农民合作社比普通农户更具优势，可以充分发挥合作社的"规模经济"与"聚集效应"，为农民争取更多的经济收益，同时也促进专业合作经济组织的健康发展。二是寻求农场联公司。积极发展"订单农业"，将家庭农场的专业化生产优势与农业龙头企业的资金、技术、管理等优势结合起来，从而实现优势互补。三是可发展家庭农场联社联公司。充分发挥专业合作社的组织化经济与网络经济效果，依托专业合作经济组解决家庭农场直接参与市场时信息和能力的不对称，提高家庭农场在与农业企业组织进行与合作的谈判能力。四是积极发展家庭农场联各类市场。以专业市场、超级市场、居民社区、大型食堂为依托，形成商品流通中心、物流配送中心，实现农超、农企（农场与企业食堂）、农校（农场与学校食堂）、农社（农场与各类居民小区）的直接对接，以节省交易成本，提高运营效率和经济效益。五是选择纵向一体化的经营形式，可由家庭农场牵头组建土地股份合作公司，将农户的承包地股份化；

或通过资本联结参股农业龙头企业，形成利益紧密的共同体，从而减少专业化生产要求的高资产专用性带来的交易成本。巴纳德（Barnard，1938）指出合作成功与否，取决于社会与激励组合这两个因素。由此，在促进家庭农场团队化发展的道路上，政府可发挥积极的作用，制定和落实促进家庭农场团队化发展的相关优惠扶持政策，改善合作环境，激励各个主体形成合力，以提高家庭农场合作系统的效率。

参 考 文 献

埃里克·布鲁索，让·米歇尔·格拉尚．契约经济学理论和应用 [M]．王秋实，等，
　　译．北京：中国人民大学出版社，2011.

埃里克·弗鲁博顿，鲁道夫·瑞切特．新制度经济学：一个交易费用分析范式 [M].
　　姜建强，罗长远，译．上海：格致出版社，2015.

安东尼·吉登斯．社会的构成 [M]．李康，李猛，译．上海：三联书店年，1998.

奥尔森．集体行动的逻辑 [M]．上海：上海人民出版社，1995.

奥利弗·威廉姆森．资本主义经济制度 [M]．段伟才，王伟，译．北京：商务印书
　　馆，2003.

卜凯．中国农家经济 [M]．北京：商务印书馆，1936.

蔡键．我国家庭农场形成机制与运行效率考察 [J]．商业研究，2014 (5)：88-92.

蔡立熊．市场化与中国农村制度变迁 [M]．北京：社会科学出版社，2009.

蔡颖萍，周克．农户发展家庭农场的意愿及其影响因素——基于浙江省德清县 300 余
　　户的截面数据 [J]．农村经济，2015 (2)：25-29.

曹文杰．基于 DEA-Tobit 模型的山东省家庭农场经营效率及影响因素分析 [J]．山
　　东农业科学，2014 (12)：133-137.

曾冠琦．上海松江农户参与家庭农场的意愿及影响因素研究 [D]．杨凌：西北农林
　　科技大学，2015.

曾玉荣，许文兴．基于 SFA 的福建家庭农场经营效率实证分析 [J]．福建农业学报.
　　2015 (1)：1106-1112.

陈彪，王志彬．阿克苏地区土地规模经营意愿影响因素分析——基于 logistic 多分类
　　回归模型 [J]．广东农业科学，2013 (5)：216-219.

陈航英．新型农业主体的兴起与"小农经济"处境的再思考——以皖南河镇为例 [J].
　　开放时代，2015 (5)：70-87.

陈军民，翟印礼．家庭农场生成的动因、约束及破解思路：交易成本视角 [J]．农村
　　经济，2015 (8)：15-20.

陈军民．制度结构理论视域下家庭农场发展的环境耦合 [J]．农村经济，2015 (4)：
　　14-19.

陈军民．论小农经济向农场经济演进的循环累积困境 [J]．商业经济研究，2016

（13）：189-190.

陈锡文，等．中国农村制度变迁 60 年［M］．北京：人民出版社，2009.

成刚．数据包络分析法与 MaxDEA 软件［M］．北京：知识产权出版社，2014.

程令国，张晔，刘志彪．农地确权促进了中国农村土地的流转吗［J］．管理世界，
　　2016（1）：88-98.

楚国良．新形势下中国家庭农场发展的现状、问题与对策研究［J］．粮食科技与经
　　济，2013（6）：22-26.

笪凤媛，张卫东．交易费用的含义及测度：研究综述和展望［J］．制度经济学研究，
　　2010（1）：225-241.

戴维斯，诺斯．制度变迁的理论：概念与原因［M］//罗纳德·H. 科斯，等．财产
　　权利与制度变迁．刘守英，等，译．上海：格致出版社，2014.

党国英．积极稳妥发展家庭农场［J］．农村工作通讯，2013（7）：19-20.

董凌芳．结构化理论视野下松江家庭农场制度研究［D］．上海：华东理工大
　　学，2013.

杜志雄，金书秦．中国农业政策新目标的形成与实现［J］．东岳论丛，2016（2）：
　　24-29.

房慧玲．发展家庭农场是中国农业走向现代化的最现实选择［J］．南方农村，1999
　　（2）：19-20.

费孝通．江村经济［M］，北京：商务印书馆，2001.

傅新红．农业经济学［M］．北京：高等教育出版社，2016.

高帆，张文景．中国语境中的"家庭农场"［J］．探索与争鸣，2013（6）：57-61.

高强，刘同山，孔祥智．家庭农场的制度解析：特征、发生机制与效应［J］．经济学
　　家，2013（6）：48-56.

高强，刘同山，孔祥智．论家庭农场的生成机制［J］．国土资源导刊，2013（7）：
　　30-32.

高强，周振，孔祥智．家庭农场的实践界定、资格条件与登记管理［J］．农业经济问
　　题，2014（9）：11-18.

高雪萍，檀竹平．基于 DEA-Tobit 模型粮食主产区家庭农场经营效率及其影响因素分
　　析［J］．农林经济管理学报，2015（6）：577-584.

高原．小农农业的内生发展途径：以山东省聊城市耿店村为例［M］//黄宗智．中国
　　乡村研究（第九辑）．福州：福建教育出版社，2012.

高志坚．对现代家庭农场制度的探讨——试论我国农村土地制度创新的方向［J］．理
　　论与改革，2012（2）：82-85.

高志强．中国特色的家庭农场制度框架［J］．农业经济问题，2014（4）：169-177.

龚卫平. 新制度经济学究竟"新"在哪里 [J]. 学术研究，2003 (11)：9-14.

桂华. 从经营制度向财产制度异化——集体农地制度改革的回顾、反思与展望 [J]. 政治经济学评论，2016 (5)：126-142.

郭红东. 推进家庭农场健康发展 [J]. 中国国情国力，2014 (5)：64-65.

郭伊楠. 家庭农场融资问题研究 [J]. 三农金融，2013 (3)：59-61.

郭云涛. 家庭农场的资本、市场和经济效益 [J]. 广西民族大学学报（哲学社会科学版），2009 (2)：56-61.

哈耶克. 通往奴役之路 [M]. 北京：中国社会科学出版社，1997.

何劲，熊学萍. 家庭农场绩效评价：制度安排抑或环境相容 [J]. 改革，2014 (8)：100-107.

何郑涛，彭珏. 家庭农场契约合作模式的选择机理研究——基于交易成本、利益分配机制、风险偏好及环境相容的解释 [J]. 农村经济，2015 (6)：14-20.

贺雪峰，印子. "小农经济"与农业现代化的路径选择——兼评农业现代化激进主义 [J]. 政治经济学评论，2015 (2)：45-65.

贺雪峰. 保护小农的农业现代化道路探索——兼论射阳的实践 [J]. 思想战线，2017 (2)：101-111.

洪名勇，龚丽娟，洪霓. 农地流转农户契约选择及机制的实证研究——来自贵州省三个县的经验证据 [J]. 中国土地科学，2016 (3)：12-19.

洪名勇，龚丽娟. 基于信任的农地流转契约选择研究 [J]. 江西社会科学，2015 (5)：218-222.

洪名勇，王晓娟. 基于心理契约的农地流转研究 [J]. 制度经济学研究，2009 (3)：146-168.

侯林春，丁继国，等. 基于 DEA 的家庭农场生态经济效率评价——以公安县长江村为例 [J]. 国土与自然资源研究，2014 (5)：35-37.

胡书东. 家庭农场经济发展较成熟地区农业的出路 [J]. 经济研究，1996 (5)：65-70.

胡新艳，朱文珏，刘凯. 理性与关系：一个农地流转契约稳定性的理论分析框架 [J]. 农村经济，2015 (2)：9-13.

黄新建，等. 以家庭农场为主体的土地适度规模经营研究 [J]. 求实，2013 (6)：94-96.

黄鑫鼎. 制度变迁理论的回顾与展望 [J]. 科学决策，2009 (9)：86-94.

黄宗智，彭玉生. 三大历史性变迁的交汇与中国小规模农业的前景 [J]. 中国社会科学，2007 (4)：74-88.

黄宗智. "家庭农场"是中国农业的发展出路吗？ [J]. 开放时代，2014 (2)：9，

176-194.

黄宗智. 中国农业面临的历史性契机 [J]. 读书, 2006 (10): 118-129.

黄祖辉, 张静, ChenKevin. 交易费用与农户契约选择——来自浙冀两省15县30个村梨农调查的经验证据 [J]. 管理世界, 2008 (9): 76-81.

科斯, 阿尔钦, 诺斯. 财产权利与制度变迁: 产权学派与新制度学派译文 [M]. 刘守英, 等, 译. 上海: 上海人民出版社, 1994.

孔令成. 基于综合效益视角的家庭农场土地适度规模研究 [D]. 杨凌: 西北农林科技大学, 2016.

孔令成, 郑少锋. 家庭农场的经营效率及适度规模——基于松江模式的DEA模型分析 [J]. 西北农林科技大学学报 (社会科学版), 2016 (5): 107-118.

孔祥智. 联合与合作是家庭农场发展的必然趋势 [J]. 中国农民合作社, 2014 (5): 32.

拉坦. 诱致性制度变迁理论 [M]. 上海: 上海人民出版社, 1994.

黎东升, 曾令香, 查金祥. 我国家庭农场发展的现状与对策 [J]. 福建农业大学学报 (社会科学版), 2000 (3): 5-8.

李孔岳. 农地专用性资产与交易的不确定性对农地流转交易费用的影响 [J]. 管理世界, 2009 (3): 92-98, 187-188.

李俏, 李辉. 社会化小农框架下家庭农场发展机制构建研究 [J]. 农村经济 2014 (1): 9-12.

李双杰, 范超. 随机前沿分析与数据包络分析法的评析与比较 [J]. 统计与决策, 2009 (7): 25-28.

李伟伟. 农村承包地经营权抵押贷款应破解三大难题 [N]. 中国经济时报, 2016-09-02 (004).

李文. 改革以来中国农户兼业化发展及其原因分析 [A]. 第十二届国史学术年会论文集, 2013-10-19.

李莹, 陶元磊. 散户参与家庭农场的稳定性分析——基于随机演化博弈视角 [J]. 技术经济与管理研究, 2015 (4): 20-24.

李永安. 基于社交网络的家庭农场经营规模探讨 [J]. 广东农业科学, 2014 (10): 228-231.

理查德·斯科特. 制度与组织——思想观念与物质利益 [M]. 姚伟, 王黎芳, 译. 北京: 中国人民大学出版社, 2010.

林岗, 刘元春. 诺斯与马克思: 关于制度的起源和本质的两种解释的比较 [J]. 经济研究, 2000 (6): 58-65.

林毅夫. 关于制度变迁的经济学理论: 诱致性变迁与强制性变迁 [M]. 上海: 上海

三联书店，1994.

林毅夫. 再论制度、技术与中国农业发展 [M]. 北京：北京大学出版社，2000.

凌莎. 农户规模经营意愿及其影响因素——基于全国 26 个省区的抽样问卷调查的思考 [J]. 农村经济，2014（4）：96-100.

刘荣茂，马林靖. 农户农业生产性投资行为的影响因素分析——以南京市五县区为例的实证研究 [J]. 农业经济问题，2006（12）：22-26.

刘守英，李青，王瑞民. 中国农地权属与经营方式的变化 [N]. 中国经济时报，2016-02-19.

刘爽，牛增辉，孙正. 家庭农场经营体制下的"适度规模"经营问题 [J]. 农业经济，2014（1）：10-12.

刘万利，许昆鹏. 中国农户生产效率实证研究 [J]. 技术经济与管理研究，2011（1）：125-128.

刘维佳，邱立春. 基于 DEA 模型的家庭农场规模经营评价与分析 [J]. 农机化研究，2009（12）：49-51.

刘文勇，张悦. 农地流转背景下的家庭农场研究 [M]. 北京：中国人民大学出版社，2015.

刘莹，黄季焜. 农户多目标种植决策模型与目标权重的估计 [J]. 经济研究，2010（01）：148-157.

卢现祥. 新制度经济学 [M]. 北京：中国发展出版社，2003.

陆文荣，段瑶，卢汉龙. 家庭农场：基于村庄内部的适度规模经营实践 [J]. 中国农业大学学报（社会科学版），2014（3）：95-105.

陆益龙. 制度、市场与中国农村发展 [M]. 北京：中国人民大学出版社，2013.

罗必良，李尚蒲. 农地流转的交易费用：威廉姆森分析范式及广东的证据 [J]. 农业经济问题，2010（12）：30-40，110-111.

罗必良. 现代农业发展理论——逻辑线索与创新路经 [M]. 北京：中国农业出版社，2009..

罗伯特·C. 埃里克森. 复杂地权的代价：以中国的两个制度为例 [J]. 清华法学，2012（1）：5-16.

穆向丽，巩前文. 家庭农场：概念界定、认定标准和发展对策 [J]. 农村经营管理，2013（8）：17-18.

倪国华，蔡昉. 农户究竟需要多大的农地经营规模？——农地经营规模决策图谱研究 [J]. 经济研究，2015（3）：159-171.

农业部，中国社会科学院. 中国家庭农场发展报告（2015 年）[M]. 北京：中国社会科学出版社，2015.

诺斯．制度、制度变迁与经济绩效［M］．杭行，韦森，译．上海：格致出版社，2014．

诺斯．财产权利与制度变迁［M］．上海：上海人民出版社，2003．

诺斯．经济史中的结构与变迁［M］，陈郁，等，译．上海：上海三联书店，上海人民出版社，1994．

潘义勇．国有农场产权制度改革的目标［J］．经济研究，1995（4）：74-76．

乔纳森·特纳．社会学理论的结构（下）［M］．邱泽奇，等，译．北京：华夏出版社，2001．

青木昌彦，奥野正宽．经济体制的比较制度分析［M］．北京：中国发展出版社，1999．

屈书学．我国家庭农场发展问题研究［D］．太原：山西财经大学，2014．

阮文彪，杨名远．中国农业家庭经营制度创新的总体设计［J］．当代经济研究，1998（5）：12-15．

阮文彪．中国农业家庭经营制度：理论检视与创新设计［M］．北京：中国经济出版社，2005．

斯坦利·梅特卡夫．个体群思维的演化方法与增长和发展问题［M］//多普菲．演化经济学——纲领与范围．北京：高等教育出版社，2004．

宋文，陈英，白志远，裴婷婷．村民关联对农地流转及规模经营意愿的影响研究——以甘肃省河西走廊为例［J］．干旱区资源与环境，2015（4）：71-77．

苏昕，王可山，张淑敏．我国家庭农场发展及其规模探讨——基于资源禀赋视角［J］．农业经济问题，2014（5）：8-13．

孙新华．我国应选择哪种农业经营主体？［J］．南京农业大学学报（社会科学版），2013（6）：18-21．

孙中华．积极引导和扶持家庭农场发展［J］．农村经营管理，2013（9）：6-10．

童彬．农村土地规模化经营的理论构建与制度创新研究——以家庭农场的经营模式和制度构建为例，经济纵横［J］，2014（8）：129-133．

汪丁丁．从"交易费用"到博弈均衡［J］．经济研究，1995（9）：72-80．

汪丁丁．制度创新的一般理论［J］．经济研究，1992（5）：69-79．

王树进，李保凯，刘莹．蔬菜家庭农场的模型设计与评价［J］．长江蔬菜，2013（23）：1-3．

王文刚，李汝资，宋玉祥，王芳．吉林省区域农地生产效率及其变动特征研究［J］．地理科学，2012（2）：225-231．

魏权龄．评价相对有效性的方法［M］．北京：人民出版社，1998．

魏权龄．数据包络分析［M］．北京：科学出版社，2004．

魏延安．关于家庭农场的几个问题［J］．新农业，2014（8）：18-21.

伍开群．农场所有权形式选择［J］．社会科学战线，2013（6）：35-43.

伍开群．制度变迁：从家庭承包到家庭农场［J］．当代经济研究，2014（1）：37-44.

西奥多·舒尔茨．改造传统农业［M］．梁小民，译．北京：商务印书馆，2006.

夏柱智．虚拟确权：农地流转制度创新——繁昌县平镇调查［J］．南京农业大学学报（社会科学版），2014（6）：89-96.

肖卫东，杜志雄．家庭农场发展的荷兰样本：经营特征与制度实践［J］．中国农村经济，2015（2）：83-96.

熊玉娟．基于委托代理理论的农地产权制度改革［J］．农村经济，2010（6）：22-24.

薛薇．基于 SPSS 的数据分析（第三版）［M］．北京：中国人民大学出版社，2014.

杨成林，屈书恒．中国式家庭农场的动力渐成与运行机理［J］．改革，2013（9）：82-89.

杨成林．中国式家庭农场——内涵、意义及变革依据［J］．政治经济学评论，2015（2）：66-80.

杨成林．家庭农场规模要适度［N］．中国社会科学报，2016-01-20（004）.

杨承霖．中国农场效率的实证研究——以内蒙古呼和浩特市土默特左旗牧区为例［J］．世界农业，2013（8）：122-126.

杨德才．我国农地制度变迁的历史考察及绩效分析［J］．南京大学学报（哲学·人文科学·社会科学版），2002（4）：60-67.

杨美丽，周应恒，王图展．农村公共事业发展对农户生产性投资的影响——基于地区面板数据的实证分析［J］．财贸研究，2007（3）：38-44.

杨明洪．农业产业化经营组织形式演进：一种基于内生交易费用的理论解释［J］．中国农村经济，2002（10）：11-15，20.

杨瑞龙，聂辉华．不完全契约理论：一个综述［J］．经济研究，2006（2）：104-115.

杨鑫，陈永富．不同类型家庭农场经营效率分析——基于浙江省的实证研究［J］．湖北农业科学，2016（9）：2419-2422.

叶剑平，蒋妍，丰雷．中国农村土地流转市场的调查研究［J］．中国农村观察，2016（4）：48-55.

于传岗．对于中国式家庭农场界定标准的探析［J］．农业经济，2013（10）：34-36.

袁庆明．新制度经济学的产权界定理论述评［J］．中南财经政法大学学报，2008（6）：25-30，142-143.

张红宇．强势农业需要新型经营主体支撑［J］．农业经营管理，2016（11）：1.

张五常．佃农理论［M］．北京：商务印书馆，2000.

张五常．经济解释（卷三）：受价与觅价［M］．北京：中信出版社，2012.

张亦工. 交易费用、财产权利与制度变迁——新制度经济学理论体系透视 [J]. 东岳论丛，2000（5）：33-36.

张云华. 家庭农场是农业经营方式的主流方向 [N]. 中国经济时报，2016-04-22（005）.

张忠明，钱文荣. 农民土地规模经营意愿影响因素实证研究——基于长江中下游区域的调查分析 [J]. 中国土地科学，2008（3）：61-67.

赵海. 家庭农场的制度特征与政策供给 [J]. 中国农村金融，2013（5）：5-9.

赵建梅，孔祥智，孙东升，等. 中国农户兼业经营条件下的生产效率分析 [J]. 中国农村经济，2013（3）：18-28.

钟文晶，罗必良. 契约期限是怎样确定的？——基于资产专用性维度的实证分析 [J]. 中国农村观察，2014（4）：42-51，95-96.

朱道华. 市场经济与农业现代化的国际经验及其对我国的启迪 [J]. 农业现代化研究，1995（2）：74-77.

朱道华. 论市场经济与农业现代化 [C] //中国现代农业发展——海峡两岸现代农业发展学术讨论会论文集，1995.

朱道华. 朱道华文集 [M]. 北京：中国农业出版社，2008.

朱启臻，胡鹏辉. 论家庭农场：优势条件与规模 [J] 许汉，泽. 农业经济问题，2014（7）：11-18.

Alam Mohammad-Jahangir, Begum Ismat-Ara, Rahman Sanzidur. Tracing the impact of market reform on productivity growth of rice at the farm level in Bangladesh [J]. Journal of the Asia Pacific Economy, 2014, 19（3）：391-408.

Alchian AA. Uncertainty, Evolution, and Economic Theory [J]. The Journal of Political Economy, 1950（1）：211-221.

Alchian Armen-A. , Demsetz Harold. Production, Information Costs, and Economic Organization [J]. The American Economic Association, 1972, 62（5）：777-795.

Barnard, Chester. The Function of the Executive [M]. Cambridge：Harvard University Press, 1938.

Baron R M, D A Kenny. The Moderator-Mediator Variable Distinction in Social Psychological Research：Conceptual, Strategic and Statistical Considerations [J]. Journal of Personality and Social Psychology, 1986, 51（6）：1173-1821.

Barrett Christopher-B, Bellemare Marc-F. , Hou Janet-Y. Reconsidering Conventional Explanations of the Inverse Productivity - Size Relationship [J]. World Development, 2010, 38（1）：88-97.

Barrett Christopher-B. On price risk and the inverse farm size-productivity relationship

[J] . Journal of Development Economics, 1996, 51 (2): 193-215.

Brewster D E. Changes in the family farm concept [J] . US Senate Committee on Agriculture and Forestry, 1980 (5) : 18-23.

Chayanov A V. On the Theory of Peasant Economy [M] . Richard D. Irwin Inc. , Homewood, Illionis, 1966.

Cheung Steven-N-S. The Structure of a Contract and the Theory of a Non-Exclusive Resource [J] . The Journal of Law and Economics, 1970 13 (1): 49.

Ciaian Pavel, Falkowski Jan, Kancs Artis. Access to credit, factor allocation and farm productivity: Evidence from the CEE transition economies [J] . Agricultural Finance Review, 2012, 72 (1): 22-47.

Cooper W W, Seiford L M, Tone K. Data envelopment analysis: a comprehensive text with models, appli-cations, refrences and DEA-Slover software [M], New York: Springer Science & Business Media, 2007.

Cornia Giovanni-Andrea. Farm size, land yields and the agricultural production function: An analysis for fifteen developing countries [J] . World Development, 1985, 13 (4): 513-534.

D Gale Johnson. Role of Agriculture in Economic Development Revisited [J], Agricultural Economics, 1993 (8): 421-434.

Déa de Lima Vidal. Work division in family farm production units: Feminine responsibilities typology in a semi-arid region of Brazil [J], Journal of Arid Environments , 2013 (97): 242-252.

Douglas Allen , Dean Lueck. The Nature of the Farm: Contracts, Risk, and Organization in Agriculture [M] . The MIT Press, 2004.

Douglas Allen, Dean Lueck. Contract Choice in Mordern Agriculture: Cash Rent Versus Gropshare [J], Journal of Law and Education, 1992, 35 (10): 397-436.

Douglass C. North. Institutional Change and Economic Performance [M] . Cambridge University Press, 1990.

Farrell M J. The measurement of production efficiency [J] . Journal of Royal Statistical Society, 1957, 120 (3): 253-281.

Glover Jane-L. Capital Usage in Adverse Situations: Applying Bourdieu's Theory of Capital to Family Farm Businesses [J] . Springer US, 2010, 31 (4): 485-497.

Guy Faure, Pierre Rebuffel. Dominique Violas. Systemic Evaluation of Advisory Services to Family Farms in West Africa [J] . The Journal of Agricultural Education and Extension, 2011, 8 (17): 325-339.

Heltberg Rasmus. Rural market imperfections and the farm size— productivity relation-ship: Evidence from Pakistan [J] . World Development, 1998, 26 (10): 1807-1826.

Huang PC. China's New-age Small Farms and Their Vertical Integration: Agribusiness Or Co-ops? [J] . Rural China, 2012, 8 (1): 11-30.

John Lemons. Structural trends in agriculture and preservation of family farms [J] . Environmental Management, 1986, 10 (1): 75-88.

Juliano J, Ghatak Maitreesh. Can unobserved heterogeneity in farmer ability explain the inverse relationship between farm size and productivity. [J] . Econ. Lett. , 2003, 80 (2): 189-194.

Lankester Ally. Self-perceived Roles in Life and Achieving Sustainability on Family Farms in North-eastern Australia [J] . Australian Geographer, 2012, 43 (3): 233-251.

Leibenstein H. Allocative efficiency vs "X-Efficiency" [J] . The American Economic Review, 1966, 56 (3) : 392-415.

Libecap G D. Distributional Issues in Contracting for Property Rights [J] . Journal of Institutional and Theoretical Economics 1989 (145): 6-24.

Lúcio André de O. Fernandes, Philip J. Woodhouse. Family farm sustainability in south-ern Brazil: An application of agri-environmental indicators [J] . Ecological Econom-ics, 2008 (66): 243-257.

Manevska-Tasevska, Gordana. Efficiency Analysis of Commercial Grape-Producing Fam-ily Farms in the Republic of Macedonia [D] . Uppsala: Dept. of Economics, Swedish University of Agricultural Sciences, 2011: 21-40.

Mascarenhas Michael. Farming systems research: Flexible diversification of a small fami-ly farm in southeast Michigan [J] . Kluwer Academic Publishers, 2001, 18 (4): 391-401.

Michael C Jensen, William H Meckling. The Theory of Firm: Managerial behavior, Agency cost Ownership structure [J] . Journal of Finacial Economics, 1976 (3): 305-360.

Pierre Bourdieu and Ioic Wacquant. An Invitation to Reflexive Sociology [M], Polity Press, 1992.

Richard Nehring, Charles Hallahan. The Impacts of Off-Farm Income on Farm Efficien-cy, Scale, and Profitability Rice Farms [A] . Southern Agricultural Economics Asso-ciation, 2015 Annual Meeting, Atlanta, Georgi. 2015.

Schultz T W. Institutions and the Rising Economic Value of Man [J], Amer. J. of

Agr. Econ. 50，Dec. 1968.

Seckler David，Young Robert-A.. Economic and Policy Implications of the 160-Acre Limitation in Federal Reclamation Law ［J］. American Agricultural Economics Association，1978，60（4）：575-588.

Sen A. Aspect of Indian Agriculture ［J］. Economic weekly，1962（14）：243-246.

Swidler Ann. Culture in action：Symbols and strategies ［J］. American Sociological Review，1986（51）：273-286.

Todorović Saša Z，Bratić Siniša V，Filipović Nikola S. The change of sowing structure as a strategy for improving competitiveness of family farms directed at the final production of fattened beef cattle ［J］，Journal of Agricultural Sciences ，2010，55（2）：183-193.

Ukawa H. Evolution and evaluation of family farms in Hokkaido dairy farming ［J］. Japanese Journal of Farm Management，2000（3）：38-49.

W Bentley Macleod. Complexity and Contract ［J］. Revue Économie Industrielle，2000，92（1）：149-178.

Williamson, Oliver E.. The Economic Institutions of Capitalism ［M］，. New York ：Free Press，1985.

Williamson O E. Markets and Hierarchies：Analysis and Antitrust Implications ［J］. New York：1975.

Williamson Oliver E. Transaction Cost Economics：The Governance of Contractual Relection ［J］. Journal of Law and Economics，1979（22）：233-261.

Zucker Lynne G. The role of institutionalization in cultural persistence ［J］. American Sociological Review，1977（43）：726-743.

附　　录

家庭农场发展情况调查问卷

尊敬的被调查者：　　　　　　　　　　编号：

您好！

我们是"家庭农场"课题组，这次调查的目的是为了准确掌握种养大户、家庭农场的发展情状、存在问题及制约瓶颈。该调查仅用于学术研究，对您的个人信息严格保密，希望您不要有任何顾虑，如实填写。衷心感谢您的合作！

一、家庭基本情况

1. 您所在地区是_____市（区）_____县_____乡（镇）。

2. 户主的性别_____（男／女），年龄_____，户主的文化程度是_____（①小学及以下　②初中　③高中　④专科及以上）。

3. 您家有几口人_____，经常外出务工_____人，需赡养的老人_____人，需供养的学生_____人，家庭成员中常年患病或有残疾的_____人。

4. 您是否是本地村民？_____（是／否）；是否是村干部_____（是／否）；您经营种养业多久了？_____年。

二、农户从事农业规模经营意愿及影响因素

5. 您家是否有意扩大农业经营规模？（　　　）

A. 愿意　　　　　　　　　B. 不愿意

6. 您家现在是（　　　）

A. 种植大户　　　　　　　B. 养殖大户

C. 种养结合户　　　　　　D. 其他（请说明）_____

7. 您家是否已创办家庭农场？（　　　）

A. 是   B. 否

是否到工商局注册？

_____（是／否），注册则形式为_____

A. 个体工商户   B. 个人独资企业

C. 合伙制   D. 有限责任公司

E. 以上都不是

8. 您对从事农业生产活动的兴趣（   ）

A. 非常愿意   B. 比较愿意

C. 一般   D. 不愿意

E. 非常不愿意

9. 您家的农业生产性设施有（可多选）（   ）

A. 普通大棚   B. 日光温室   C. 管道设施   D. 畜禽房屋

E. 沼气池   F. 粮仓   G. 料房   H. 其他_____

10. 您家拥有农地情况（请在相应的框中填写数字）

	地块数量	总面积	租期	每亩租金（元）
自有土地	块：_____	亩：_____	不填	不填
流转土地	块：_____	亩：_____	年：_____	元：_____

11. 若有土地流转，请问从_____个农户流转而来，是否签订书面合同_____

A. 是   B. 否

12. 双方约定的支付形式为（   ）

A. 定额现金   B. 实物按市价折算

C. 按约定比例分配   D. 入股分红   E. 其他_____

13. 土地流转过程中是否有中介服务（   ）

A. 是   B. 否

若有，是通过（   ）流转土地。

A. 村委会   B. 政府   C. 专业合作社

D. 农业企业   E. 农地流转服务机构

14. 您家距离县城的距离（   ）

A. 5 公里以内　　　　B. 5～9 公里　　C. 10～14 公里

D. 15～19 公里　　　　E. 20 公里及以上

15. 您村的道路交通状况（　　）

A. 非常好　　B. 比较好　　C. 一般

D. 比较差　　　　E. 很差

16. 您家的社会关系情况（请在括号内填写答案，没有写 0）

您家亲戚中村干部人数	（　　）人
亲戚朋友在政府部门任职的人数	（　　）人
亲戚朋友在信用社或银行工作人数	（　　）人
本村中有血缘关系的户数	（　　）户

17. 您的威信在村内属于（　　）

A. 很高　　　B. 较高　　　C. 一般

D. 较低　　E. 低

18. 您家常来常往的亲朋数量（　　）

A. 5 家以下　　B. 5～9 家　　C. 10～14 家

D. 15～19 家　E. 20 家以上

19. 您家和所有邻里的关系（　　）

A. 都很好　　B. 大部分比较好

C. 一般　　　D. 比较差　　E. 很差

20. 您近两年参加政府组织的农业技术方面的培训次数有（　　）

A. 0 次　　　B. 1 次　　　C. 2 次

D. 3 次　　　E. 4 次及以上

21. 您村近两年的治安情况怎么样？（　　）

A. 非常好　　B. 比较好　　C. 一般

D. 比较差　　E. 很差

22. 您村近两年集体组织的娱乐活动有（　　）

A. 1 次及以下　　　　B. 2 次

C. 3 次　　　D. 4 次　　　E. 5 次及以上

23. 家庭年均生活消费支出（请将金额填写在第二栏的括号内）

年医疗费用	（ ）元
年子女教育费用	（ ）元
年电话费用	（ ）元
年休闲旅游费用	（ ）元
年上网费用	（ ）元
年礼金支出（送礼费等）	（ ）元

三、生产要素投入情况

24. 您现有多少农用机械？（可多选，请标明数量）（   ）

    A. 耕作机械（   ）台　B. 农用排灌机械（   ）台

    C. 收割机（   ）台　D. 田间管理机械（   ）台

    E. 林果业机械（   ）台　F. 畜牧养殖机械（   ）台

    G. 渔业机械（   ）台　H. 农副产品粗加工机械（   ）台

    I. 运输机械（   ）台

25. 是否与技术单位有相关技术合作？（   ）

    A. 是　　　　B. 否

26. 技术运用方面是否能满足需求？（   ）

    A. 非常满足　B. 基本满足　C. 不满足

27. 您家每年农业长期雇工（3 个月上）_____人，临时用工_____人，工资为_____元/天。

28. 您最近一年的经营总投入有_____万元，其中雇工成本_____万元；生产资料（如种苗、化肥、饲料、农药等）投入_____万元；农机租赁及水电费等投入_____万元，设备购买投入_____万元。农地平整投入_____万元，农用设施建设投入_____万元。

29. 最近一年主要种植的作物有_____，种植面积有_____亩；

    养殖的主要动物是_____，养殖数量为_____头或只。

四、经营收益状况及影响因素

30. 您在土地流转中遇到的最大问题是（限选三项）_____

    A. 缺少流转信息　　　　B. 谈判农户过多

    C. 租地价格过高　　　　D. 地权纠纷频繁

    E. 地块太分散

31. 近 30 年来，您村农地承包权调整有_____次。

32. 您在经营过程中发生的地权纠纷次数大约有_____次。

33. 您的家庭经营资金来源有_____（按由多到少排序）

    A. 自筹资金　　　　　　B. 银行贷款资金

    C. 政府支农资金　　　　D. 合伙人投入资金

    E. 亲戚朋友借贷　　　　F. 其他（请说明）_____

34. 您认为从银行获得贷款需额外支付的费用_____

    A. 很高　　　B. 比较高　　　C. 一般

    D. 不太高　　　E. 很少

35. 您觉得农民贷款面临的主要问题是什么？_____（限选两项）

    A. 贷款额度太小　　　　B. 缺抵押物，担保手续复杂

    C. 贷款期限太短　　　　D. 利率太高

    E. 没有关系　　　　　　F. 其他（请说明）_____

36. 最近一年您家外出打工人员变换工作的次数有_____次，打工工资能达_____元/年。

37. 您认为家庭成员到城市找工作容易吗？_____

    A. 很容易　　　B. 比较容易　　C. 一般

    D. 比较困难　　E. 非常困难

38. 当前农场是否拥有自己的农产品品牌？_____

    A. 是　　　　　　B. 否

39. 您在销售方面存在哪些困难？（限选三项）_____

    A. 农产品卖难　　　　　B. 销售价格太低

    C. 销售渠道单一　　　　D. 产品没有知名度

    E. 产品附加值太低　　　F. 合同违约

    G. 其他（请说明）_____

40. 您认为当前影响农场发展的主要因素有哪些?(限选三项)(　　　)

    A. 缺少资金　B. 不懂技术　C. 信息闭塞

    D. 农产品价格偏低　　　　E. 生产资料价格偏高

    F. 配套服务滞后　　　　　G. 地权不稳定

    H. 规模太小　　　　　　　I. 没有生产保险

    J. 农业基础设施落后

41. 您家的生产经营决策 _____

    A. 非常民主　B. 比较民主　C. 不够民主　D. 很不民主

42. 您家在生产经营过程中与各利益相关者的关系如何（请在对应的框内打√）

变量描述	非常好	比较好	一般	很少联系	无联系
您家与土地转出户的私人关系					
您家与农资供应商的关系					
您家与农产品收购者的联系					
您家与农机服务商的联系					
您家与农业技术服务部门的联系					

43. 您获取各种信息的主要渠道是（可多选）(　　　)

    A. 广播电视　B. 亲戚朋友　C. 报纸杂志　D. 互联网

    E. 参观考察　F. 政府提供　G. 合作社　　H. 其他

44. 您家每年用于购买种养、经营等方面相关的报刊、书籍费用有多少 _____

    A. 0 元　　　　B. 20 元以下　　　C. 20～50 元

    D. 50～100 元　E. 100 元以上

45. 您是否有一技之长?(　　　)

    A. 有，它是 _____　　　B. 没有

46. 您家的农机、农业建筑设施等利用情况 _____

    A. 高效利用　　　　　　B. 基本得到有效利用

    C. 季节性闲置　　　　　D. 经常闲置

47. 您的农场每年毛收入约 _____ 万元，净收入为 _____ 万元，其中种植业净收入 _____ 万元，养殖净收入 _____ 万元。每年家庭农

场总收入中，用于再投资的金额_____万元。

48. 您是否加入农民专业合作社？_____

    A. 未加入　　　　　　　　B. 已加入，未出资

    C. 已加入，已出资

49. 您觉得政府对农业基础设施支持力度如何？_____

    A. 给予大力的资金支持　　B. 支持力度一般

    C. 几乎没什么投入支持

50. 政府有没有给予农场贷款需求方面的优惠支持？（　　　　）

    A. 有　　　　B. 没有

51. 政府部门对家庭农场发展的管理指导情况（　　　　）

    A. 监管力度大　　　　　　B. 监管力度比较大

    C. 一般　　D. 比较松　　E. 几乎没有监管

52. 你觉得村民委员的在本村的影响力如何_____

    A. 非常好，有号召力　　B. 比较好，能起到一定作用

    C. 一般　　　　　　　　D. 没啥作用

53. 您觉得本村的农业水利等基础设施怎么样？_____

    A. 非常好　　B. 比较好　　C. 一般

    D. 不太好　　E. 很差

54. 您家最近一年得到政府给予的各种农业补贴大约有_____元。

后　记

　　本书是在博士学位论文《新制度经济学视角下家庭农场的生成及运行效率研究》的基础上修改和完善而成。博士学位论文的选题得到了导师翟印礼先生的热情鼓励。翟老师学识渊博、治学严谨，为人和善，他在新制度经济学方面的指引开启了我研究的视角，并在我学习、研究、成长的过程中给予了精心的栽培和指导，使我有勇气和能力把理论与实际有机地结合起来，完成自己的博士研究。在此，衷心感谢恩师翟印礼教授的指导。同时，我还要感谢沈阳农业大学经济管理学院给予我关怀、鼓励和帮助的各位老师，是他们的帮助拓展了我的知识、开阔了视野，使我不断进步。特别感谢给我提出中肯建议的周静教授、陈珂教授、张广胜教授、李旻教授、吴东立副教授、杨肖丽副教授和王振华老师，他们对我的论文开题和答辩进行了认真的评议，并提出了宝贵的修改意见。还要感谢求学期间一直友好相处的同窗好友：罗振军、王志刚、王绪龙、李明文、张雪、魏立华、刘其志、刘海巍、徐清华，是你们的帮助使我有勇气克服困难，坚持不懈！

　　此外，在课题研究和本书写作过程中，还参考了许多学者的著作和论文等，在此，也向他们表示衷心感谢。由于时间、研究经费及研究水平的限制，本书还存在许多不足之处，真诚希望读者朋友们批评指正。

陈军民

图书在版编目（CIP）数据

家庭农场培育的新制度经济学研究 / 陈军民著 . —北京：
中国农业出版社，2018.5
　　ISBN　978 - 7 - 109 - 24075 - 9

　　Ⅰ.①家… 　Ⅱ.①陈… 　Ⅲ.①家庭农场－新制度经济
学－研究－中国 　Ⅳ.①F324.1

中国版本图书馆 CIP 数据核字（2018）第 089109 号

中国农业出版社出版
（北京市朝阳区麦子店街 18 号楼）
（邮政编码 100125）
责任编辑　刘明昌

北京中兴印刷有限公司印刷　　新华书店北京发行所发行
2018 年 5 月第 1 版　　2018 年 5 月北京第 1 次印刷

开本：720mm×960mm 1/16　印张：12.25
字数：200 千字
定价：38.00 元
（凡本版图书出现印刷、装订错误，请向出版社发行部调换）